Manual que acompaña
¿SABÍAS QUE...?

Segunda parte

Manual que acompaña
¿SABÍAS QUE...?
Beginning Spanish

Segunda parte

Bill VanPatten
University of Illinois, Urbana-Champaign

James F. Lee
University of Illinois, Urbana-Champaign

William R. Glass
The Pennsylvania State University

Donna Deans Binkowski
Kansas State University

McGraw-Hill, Inc.
New York   St. Louis   San Francisco   Auckland   Bogotá   Caracas
Lisbon   London   Madrid   Mexico   Milan   Montreal   New Delhi   Paris
San Juan   Singapore   Sydney   Tokyo   Toronto

This book is printed on recycled paper containing a minimum of 50% total recycled fiber with 10% postconsumer de-inked fiber.

Manual que acompaña ¿Sabías que...?, Beginning Spanish, Segunda parte

Copyright © 1992 by McGraw-Hill, Inc. All rights reserved.
Printed in the United States of America. Except as permitted under the
United States Copyright Act of 1976, no part of this publication may be
reproduced in any form or by any means, or stored in a data base or
retrieval system, without the prior written permission of the publisher.

3 4 5 6 7 8 9 0   MAL MAL   9 0 9 8 7 6 5 4

ISBN: 0-07-067170-2

This book was typed on a Macintosh by Chris de Heer, Desktop By Design.
The publisher was Thalia Dorwick.
The editors were Elizabeth Lantz and Anita Wagner.
The production supervisor was Diane Baccianini.
Editorial supervision was provided by Phyllis Larimore, Huse Publications.
Permissions research was provided by David Sweet.
Illustrations are by Rick Hackney and Eldon Doty, except for those on
   pages 116 and 117, which are by Stephanie O'Shaughnessy.
Malloy Lithographing, Inc., was printer and binder.

Realia and Photographs
Page 1: *Muy Interesante* 6: *Cambio 16* 12: From *Fontanarrosa y los medicos* (Buenos Aires: Ediciones de la Flor, 1989) 16: *Ideas para su hogar* 22: Reprinted with permission of ADENA/WWF 27: *Conocer* 30: ©Quino/Quipos 33: Sorpresa ©Heirs of Federico García Lorca 34: *Conocer* 39: *Conocer* 45: Revista *Rumbo*, Costa Rica 50–51: *Corricolari* 52, 53: ©Quino/Quipos 56: *Tú*, Editorial América, S.A. 59: *Guía Práctica para dejar de fumar*, Ministerio de Sanidad y Consumo, Madrid 63–65, 67–68: *Natura* 71: *Conocer* 72–73: *Natura* 74, 78: *Muy Interesante* 79, 81: *Natura* 86: *El Mundo* 90: From *Librerías Clásica y Moderna, Norte y Corrientes*. Published in *Noticias*. 92, 93, 99: *Natura* 101: *Hombre de Mundo* 105: *El Mundo* 106: ©Quino/Quipos 111: *Tú*, Editorial América, S.A. 115: ©Quino/Quipos 120: *El Mundo* 124: *La Epoca* 125: ©Quino/Quipos 127: Seguros Banco Vitalico 131: *El Mundo* 135: SEDIGAS 136–137: Velazquez painting, *La infanta Margarita de Austria*, Museo del Prado, Madrid; photo: ARXIU MAS; Velazquez painting, *El bufón llamado «Don Juan de Austria»*: Kunsthistorisches Museum, Vienna; photo: ARXIU MAS 136: bottom left photo: Felizardo Burquez; bottom right photo: Frerck/Odyssey/Chicago 137: bottom left photo: Spencer Grant/Stock, Boston; bottom right photo: Phyllis Greenberg/COMSTOCK 139: Reprinted with permission of Ramón Puig 141: *Hombre de Mundo* 145: Sucapital Asegurado 147: ©Quino/Quipos 148: *Conocer* 155: Photo courtesy General Motors 160: Photos: Francisco Rangel 161: Top photo: Francisco Rangel; bottom photo: Arlene Collins/Monkmeyer Press Photo

CONTENTS

NOTE TO STUDENTS ix

UNIDAD CUATRO	EL BIENESTAR 1

LECCIÓN 11	¿CÓMO TE SIENTES? 1

IDEAS PARA EXPLORAR LOS ESTADOS DE ÁNIMO (STATES OF MIND) 2	**Para expresarse** ¿Cómo se siente? 2 **Para expresarse** ¿Te sientes bien? ¡Me siento perfectamente bien! 7	◄ describing one's state of mind ◄ more on "reflexive" verbs
IDEAS PARA EXPLORAR REACCIONES 9	**Para expresarse** ¿Cómo se revelan las emociones? 9 **Para expresarse** ¿Te falta energía? 14	◄ talking about how people reveal the way they feel ◄ talking about things that are lacking, missing, or absent
IDEAS PARA EXPLORAR PARA SENTIRTE BIEN 18	**Para expresarse** ¿Qué haces para aliviar la tensión? 18	◄ activities for relaxation

LECCIÓN 12	¿CÓMO TE RELAJAS? 23

IDEAS PARA EXPLORAR OTRAS ACTIVIDADES 24	**Para expresarse** ¿Qué haces para relajarte? 24	◄ more activities for relaxation
VAMOS A VER 28	El trabajo y la salud	◄ Worksheet 41
IDEAS PARA EXPLORAR LA BUENA RISA 28	**Para expresarse** ¿Qué hacías que causó tanta risa? 28	◄ narrating in the past: using both preterite and imperfect
VAMOS A VER 36	La hipertensión	◄ Worksheet 43
IDEAS PARA EXPLORAR ORÍGENES DE LA RISA 37	**Para expresarse** ¿Se reía el hombre primitivo? 37	◄ narrating in the past: imperfect for habitual events

LECCIÓN 13	¿EN QUÉ CONSISTE EL ABUSO? 45

IDEAS PARA EXPLORAR HAY QUE TENER CUIDADO 46	**Para expresarse** ¿Qué es una lesión? 46	◄ talking about injuries
VAMOS A VER 49	Los adictos al trabajo	◄ Worksheet 61
IDEAS PARA EXPLORAR LA TELEVISIÓN COMO HÁBITO 49	**Para expresarse** ¿Veías la televisión de niño/a? 49	◄ the imperfect of **ver**
IDEAS PARA EXPLORAR SALIENDO DE LA ADICCIÓN 53	**Para expresarse** ¿Qué debo hacer? —Escucha esto 53 **Para expresarse** ¿Qué no debo hacer? —¡No hagas eso! 55	◄ affirmative **tú** commands ◄ negative **tú** commands

UNIDAD CINCO	SOMOS LO QUE SOMOS 63	
LECCIÓN 14	**¿CON QUÉ ANIMAL TE IDENTIFICAS? 63**	
IDEAS PARA EXPLORAR EL HORÓSCOPO CHINO (I) 64	Para expresarse ¿Cómo eres? —Soy inquieto 64	◄ describing personalities
IDEAS PARA EXPLORAR EL HORÓSCOPO CHINO (II) 67	Para expresarse ¿Cómo es la serpiente? 67	◄ more on describing personalities
IDEAS PARA EXPLORAR EL HORÓSCOPO CHINO (III) 72	Para expresarse Y el gallo, ¿cómo es? —Muy arrogante 72	◄ more on describing personalities
IDEAS PARA EXPLORAR LA EXPRESIÓN DE LA PERSONALIDAD 75	Para expresarse ¿Has mentido alguna vez? 75	◄ the present perfect tense
LECCIÓN 15	**¿EN QUÉ SE PARECEN LOS ANIMALES Y LOS SERES HUMANOS? 81**	
IDEAS PARA EXPLORAR Las relaciones espaciales 82	Para expresarse ¿Dónde queda Colombia? 82 Para expresarse ¿Dónde está la biblioteca? 83	◄ expressing location ◄ more on prepositions to express spatial relationships
IDEAS PARA EXPLORAR DE AQUÍ PARA ALLÁ 85	Para expresarse ¿Cómo se llega al correo? 85	◄ giving and following directions
VAMOS A VER 89	«Los que no migran...»	◄ Worksheet 93
IDEAS PARA EXPLORAR ANIMALES ESTUDIADOS 89	Para expresarse ¿Son comportamientos aprendidos? 89	◄ adjectives derived from verbs
VAMOS A VER 91	Nuestro «primo», el chimpancé	◄ Worksheet 97
LECCIÓN 16	**¿QUÉ RELACIÓN TENEMOS CON LOS ANIMALES? 101**	
IDEAS PARA EXPLORAR LAS MASCOTAS 102	Para expresarse ¿Sería buena idea? 102	◄ the conditional tense
VAMOS A VER 107	¿Qué tipo de perro?	◄ Worksheet 111
IDEAS PARA EXPLORAR EL PORQUÉ DE LA VIVIENDA 108	Para expresarse ¿Dónde vives? 108	◄ describing where people live
VAMOS A VER 110	Animales fantásticos, monstruos y otras criaturas	◄ Worksheet 113

UNIDAD SEIS	HACIA EL FUTURO 115
LECCIÓN 17	¿A QUÉ PROFESIÓN U OCUPACIÓN QUIERES DEDICARTE? 115

IDEAS PARA EXPLORAR LAS PROFESIONES 116	**Para expresarse** ¿Qué profesión? 116	◀ names for professions and professional fields
IDEAS PARA EXPLORAR CARACTERÍSTICAS Y CUALIDADES 121	**Para expresarse** ¿Qué características debe tener? 121 **Para expresarse** ¿Qué aptitud o habilidad especial se requiere para…? 122	◀ talking about characteristics needed in some professions ◀ talking about skills and talents needed in some professions
IDEAS PARA EXPLORAR ALGUNAS ASPIRACIONES 125	**Para expresarse** ¿Y en el futuro? 125 **Para expresarse** ¿Qué tipo de trabajo buscas? 131	◀ the subjunctive mood ◀ talking about indefinite things using the subjunctive

LECCIÓN 18	¿QUÉ NOS ESPERA EN EL FUTURO? 135

IDEAS PARA EXPLORAR LA ROPA Y LO QUE INDICA 136	**Para expresarse** ¿De qué te vistes? 136	◀ talking about what people wear
IDEAS PARA EXPLORAR DENTRO DE UNOS AÑOS… 143	**Para expresarse** ¿Cómo serán nuestras vidas? 143	◀ the simple future tense
VAMOS A VER 150	Inventando el futuro	◀ Worksheet 153
VAMOS A VER 150	Automóviles inteligentes	◀ Worksheet 155
IDEAS PARA EXPLORAR LAS POSIBILIDADES Y PROBABILIDADES DEL FUTURO 150	**Para expresarse** ¿Es probable? ¿Es posible? 150	◀ using the subjunctive to express conjecture or doubt

APPENDIX
LECCIÓN 10 159

ANSWER KEY 183

VOCABULARY
SPANISH-ENGLISH 189

INDEX 195

NOTE TO STUDENTS

This is the second volume (*Segunda parte*) of the *Manual que acompaña ¿Sabías que...?* It contains explanations, activities, and other materials related to the last three units of the student text. As you work through the materials in the *Manual* keep in mind the following:

- The *Manual* contains groupings or series of activities, some that work on vocabulary, some that work on grammar, and some that work on particular listening skills. Each series of activities has a main heading or title: **Ideas para explorar** or **Vamos a ver**. Each series ends when another series title appears. For example, in **Lección 11** there is a series of activities titled **Ideas para explorar: Los estados de ánimo** that includes not only activities about states of mind but additional work on certain grammar points. That series does not end until you come to the next series heading, **Ideas para explorar: Reacciones**.
- In general, for every **Ideas para explorar** series you complete in your classroom textbook you should complete the corresponding **Ideas para explorar** series in the *Manual*. For every **Vamos a ver** section of your textbook you should complete the corresponding **Vamos a ver** section in the *Manual*. Complete each **Vamos a ver** section using the worksheets found at the end of the lesson and then turn in the section to your instructor. On occasion, you will encounter an optional **Un vistazo** activity. Your instructor may tell you when to do these activities, or you can do them on your own for fun.
- You should write out all **Para entregar** (*To turn in*) activities for each lesson on a separate sheet of paper to turn in to your instructor.
- To do the listening activities, which are marked with a cassette symbol in the margin for your convenience, you must listen to the recordings that accompany the *¿Sabías que...?* program. You may find it convenient to obtain your own set of cassettes for this purpose.
- Activities preceded by an asterisk are those for which answers have been provided in the Answer Key in the back of the *Manual*.

UNIDAD CUATRO

EL BIENESTAR

LECCIÓN 11

¿CÓMO TE SIENTES?

In this lesson of your *Manual,* you will review and continue to practice what you've learned in class. In addition, you will

- review an important use of the verb **estar**
- become familiar with some verbs that require reflexive pronouns
- learn about some more verbs that function like **gustar** and **importar**

IDEAS PARA EXPLORAR
LOS ESTADOS DE ÁNIMO (*STATES OF MIND*)

PARA EXPRESARSE ¿CÓMO SE SIENTE?

Describing One's State of Mind

Las experiencias de Claudia

Son las 9.00 de la mañana. Claudia se prepara para un examen de física. **Está nerviosa** porque el examen va a ser difícil.

Su compañera de cuarto hace mucho ruido. Claudia no puede concentrarse y **se pone enfadada.**

A la 1.00 toma el examen. No tiene idea de cómo va a salir. **Está muy tensa** durante el examen.

Después del examen, va al gimnasio a hacer ejercicio. Después, **se siente más relajada.**

Por la tarde, va al trabajo. Trabaja hasta muy tarde y, naturalmente, **está cansada.**

Al día siguiente, va a su clase de historia. La voz de la profesora es monótona, y Claudia **está aburrida** (*bored*).

En la clase de física, el profesor le devuelve el examen. Su nota es 55%. Claudia **se siente avergonzada** (*ashamed*).

Claudia **se siente deprimida** (*depressed*).

Unidad cuatro El bienestar

Al otro día Claudia habla de su nota con el profesor. Descubren que el profesor se equivocó. La nota debe ser 95%, no 55%. Claudia **se pone muy contenta**. El profesor le dice, « Perdona, todos nos equivocamos, ¿no? »

¡Ahora Claudia **se siente muy orgullosa**!

When talking about someone else's state of being, you may use **está** or **se siente** with an adjective.

Claudia **está** contenta. *Claudia is happy.*
Hoy **se siente** un poco nerviosa. *Today she feels a bit nervous.*

To express the idea of a change in mood, you often can use **se pone** with an adjective.

Su compañera de cuarto hace mucho ruido y Claudia **se pone** enfadada (*gets mad*).

Actividad A Más sobre Claudia Vas a escuchar unas preguntas sobre Claudia. Para cada pregunta, se dan dos respuestas: una es cierta, la otra es falsa. Escucha bien y decide cuál es la respuesta correcta para cada pregunta.

MODELO: (oyes): ¿Cómo está Claudia durante el examen de física, tensa o aburrida?
(dices): Está tensa.
(oyes): Tensa. Claudia está tensa durante el examen.

1... 2... 3... 4... 5...
 C   C   F   C   F

***Actividad B** Estados y situaciones   Relaciona cada número de la columna A con una letra de la columna B.

A

1. _B_ Uno se siente tenso si...
2. _G_ Uno se siente avergonzado si...
3. _E_ Uno está nervioso si...
4. _A_ Uno se siente relajado si...
5. _C_ Uno está cansado si...
6. _D_ Uno se siente deprimido si...
7. _F_ Uno se siente orgulloso si...

B

a. se baña con agua caliente.
b. espera noticias importantes.
c. trabaja mucho y no descansa.
d. muere un buen amigo.
e. no tiene suficiente dinero para pagar las cuentas.
f. lo nombran «mejor estudiante del año».
g. dice una tontería enfrente de muchas personas.

Actividad C ¿Cómo reaccionas tú en las mismas circunstancias?   Sabemos cómo se siente Claudia en diferentes situaciones. ¿Cómo te sientes tú en las mismas circunstancias? ¿Reaccionas igual que Claudia o de distinta forma? ¡A ver! Responde a las siguientes preguntas con oraciones completas en español e indica si tu reacción es igual o diferente a la de Claudia.

1. ¿Cómo te sientes cuando te preparas para un examen difícil?

   Me siento _nerviosa_

   Mi reacción es ☑ igual ☐ diferente a la de Claudia.

2. ¿Cómo te sientes cuando haces ejercicio?

   Me siento _más relajada_

   Mi reacción es ☑ igual ☐ diferente a la de Claudia.

3. ¿Cómo te pones cuando recibes una mala nota?

   Me pongo _avergonzada_

   Mi reacción es ☑ igual ☐ diferente a la de Claudia.

4. ¿Cómo estás durante un examen?

   Estoy _tensa_

   Mi reacción es ☑ igual ☐ diferente a la de Claudia.

5. ¿Cómo te pones cuando tu compañero/a de cuarto hace mucho ruido?

   Me pongo _enfadada_

   Mi reacción es ☑ igual ☐ diferente a la de Claudia.

More on States of Mind

Remember that with conditions and states of being **estar**, not **ser**, is used with adjectives.

> **Estoy aburrido. ¡No tengo nada que hacer!**   *I'm bored. I have nothing to do.*
> **¿Qué te pasa? ¿Estás triste?**   *What's wrong with you? Are you sad?*

Review the following list. How many of these conditions and states of being do you already know how to say in Spanish?

contento/a	*happy*	estresado/a	*stressed*
muy bien	*very well*	nervioso/a	*nervous*
satisfecho/a	*satisfied*	preocupado/a	*worried*
		tenso/a	*tense*
deprimido/a	*depressed*		
triste	*sad*	débil	*weak*
		enfermo/a	*ill, sick*
aburrido/a	*bored*	no muy bien	*not very well*
cansado/a	*tired*		
perezoso/a	*lazy*		

Remember that a few conditions and states of being are expressed with **tener** + *noun*.

Tengo frío.	*I'm cold.*
¿Tienes hambre?	*Are you hungry?*
Tengo (mucha) sed.	*I'm (very) thirsty.*

Here are two expressions just for fun. They may come in handy.

Tengo celos.	*I'm jealous (e.g., because that person is flirting with you).*
Tengo envidia.	*I'm jealous/envious (e.g., because you always get such good grades).*

Actividad D ¿Qué debería (*ought*) hacer esta persona?

Paso 1. ¿Cuál es la conclusión lógica a cada oración?

1. Mi amigo debería tomar unas vacaciones.
   a. Está muy contento.
   b. Está muy tenso.
   c. Está muy bien.
2. Mi compañera de cuarto debería descansar un poco.
   a. Está muy estresada.
   b. Está muy aburrida.
   c. Tiene hambre.
3. Mi perro necesita beber un poco de agua.
   a. Tiene celos.
   b. Tiene sed.
   c. Está triste.
4. Mi hermano debería consumir menos cafeína.
   a. Está muy cansado.
   b. Está muy perezoso.
   c. Está muy tenso.
5. Mi abuela debería ir al médico.
   a. Está enferma.
   b. Tiene envidia.
   c. Está satisfecha.

Paso 2. Escucha la cinta para verificar las respuestas.

Actividad E ¿Y tú? Indica los estados de ánimo que se te aplican a ti. ¿A qué conclusión llegas?

		CON FRECUENCIA	A VECES	NUNCA
1.	Estoy triste.	☐	☒	☐
2.	Estoy deprimido/a.	☐	☒	☐
3.	Estoy satisfecho/a.	☒	☐	☐
4.	Estoy nervioso/a.	☐	☒	☐
5.	Estoy aburrido/a.	☐	☒	☐
6.	Tengo hambre.	☐	☒	☐
7.	Estoy enfermo/a.	☐	☐	☒
8.	Estoy estresado/a.	☐	☒	☐
9.	Estoy contento/a.	☒	☐	☐
10.	Tengo envidia.	☐	☐	☒

UN VISTAZO   La depresión

Lee rápidamente la siguiente selección de la revista *Cambio 16*. A continuación se incluye un **Vocabulario útil**, pero debes recordar saltar (*to skip*) las palabras que se pueden deducir del contexto. Si comprendes las ideas principales, podrás (*you'll be able to*) contestar las preguntas de la **Actividad optativa**.

VOCABULARIO ÚTIL

fracasarse en el empeño	*to fail in the attempt*
loco	*crazy*
no habrá	futuro de **hay**
padecer (zc)	*sufrir*
pedir (i, i) consejos	*to seek (request) advice*
por sí solo	*by himself*
siempre que	*as long as*

CONSEJOS

Depresión. Es un estado que prácticamente todo el mundo padece en algún momento de su vida y por lo tanto se puede considerar como normal, siempre que no dure lo suficiente como para alterar el comportamiento familiar o laboral.

Para evitar que un estado depresivo ocasional se convierta en patológico hay que analizar la causa de la depresión y tratar de modificar los hechos que la produjeron.

Si uno no es capaz de vencer este estado de ánimo por sí solo, hay que solicitar ayuda, que al principio no será médica, sino que bastará con el apoyo de familiares y amigos. Aunque el deprimido no quiere hablar con nadie es importante que se esfuerce en pedir consejos, ya que éstos, además de poder serle útiles, le reafirmarán que no está solo y que tiene personas que le quieren y le necesitan.

Las personas deprimidas no deben alterar sus hábitos alimenticios, porque desgraciadamente esta afección aumenta el apetito en algunos casos y lo disminuye drásticamente, en otros. En el primer caso se producirá obesidad, lo que conducirá a un agravamiento de la depresión y en el segundo, se originará una debilidad y decaimiento general, con lo que el tono vital descenderá más.

No es aconsejable intentar resolver todos los problemas al mismo tiempo, porque lo más fácil es que se fracase en el empeño, lo que aumentará la depresión.

Si a pesar de adoptar todas estas medidas la depresión continúa, no habrá más remedio que acudir al especialista, prescindiendo de la resistencia que suele existir para visitar a un psiquiatra por miedo a ser catalogado como loco, concepto absolutamente erróneo, pero muy extendido todavía, desgraciadamente, en gran parte de la población española.

Actividad optativa Si una persona...

1. Según el artículo, si una persona está deprimida,...
    a. debe analizar lo que come y cambiar sus hábitos de acuerdo con su estado de ánimo.
    b. no debe cambiar sus hábitos de comer porque esto podría (*could*) causarle otros problemas.
2. Si una persona está deprimida continuamente,...
    a. la ayuda de un especialista será (*will be*) necesaria.
    b. la ayuda de familiares y amigos normalmente será suficiente.

❖ **Para entregar** Asociaciones

Paso 1.   On a separate sheet of paper, copy the following chart and write in something you associate with each condition or state of being listed: a day of the week, a particular activity, or another association. Then write a color that you associate with the condition.

ESTADO DE ÁNIMO	ACTIVIDAD ASOCIADA (DÍA ASOCIADO, ETCÉTERA)	COLOR ASOCIADO
contento/a		
triste		
cansado/a		
tenso/a		

Paso 2. Using the information from the chart in **Paso 1**, write a sentence about yourself for each state of being. Follow the model.

MODELO: Muchas veces estoy _____ cuando _____ (o: los _____*) porque _____. El color que asocio con este estado de ánimo es _____.

PARA EXPRESARSE   ¿TE SIENTES BIEN? ¡ME SIENTO PERFECTAMENTE BIEN!

More on "Reflexive" Verbs

In earlier lessons you learned about reflexive pronouns. Here they are for your review.

me siento	**nos** sentimos
te sientes	**os** sentís
se siente	**se** sienten

Knowing that the verb **aburrirse** means *to get bored*, can you give the missing forms and pronouns in the following chart?

me _____	nos _____
te aburres	os aburrís
se aburre	ves _____

You should have supplied **me aburro** (*I get bored*), **nos aburrimos** (*we get bored*), and **se aburren** (*you [pl.]/they get bored*).

Remember from **Lección 6** that verbs such as **sentirse** and **aburrirse** are not "true reflexives" because the subject and object are not the same. That is, no one is doing anything to himself or herself. Nonetheless, these verbs require a reflexive pronoun. Some other common verbs that are useful for expressing how a person feels and that require reflexive pronouns include the following:

alegrarse	*to get happy*	irritarse	*to get irritated*
cansarse	*to get tired*	ofenderse	*to get offended*
enojarse	*to get angry*	preocuparse	*to get worried*

You will learn more verbs of this kind as you continue to study Spanish. The following set of activities will help you become familiar with them, but you need not be concerned with having them "totally under control" at this point.

---

*Use this if you are talking about a day of the week (**Estoy cansado los miércoles...**).

Actividad F De tal palo, tal astilla...

Paso 1. Note whether each statement is typical or unusual for you.

	ES TÍPICO	ES RARO
1. Me aburro fácilmente.	☒	☐
2. Me enojo por cosas pequeñas.	☐	☒
3. Me irrito cuando no duermo lo suficiente.	☒	☐
4. Me preocupo por mi situación económica.	☐	☒
5. Me alegro cuando mis amigos me invitan a una fiesta.	☒	☐
6. Me ofendo cuando la gente fuma.	☒	☐
7. Me canso fácilmente.	☐	☒

Paso 2. Now choose one of the members in your immediate family (mother, father, brother, sister). Which of the following are typical for that person?

	ES TÍPICO	ES RARO
1. Se aburre fácilmente.	☒	☐
2. Se enoja por cosas pequeñas.	☐	☒
3. Se irrita cuando no duerme lo suficiente.	☒	☐
4. Se preocupa por su situación económica.	☐	☒
5. Se alegra cuando sus amigos le invitan a una fiesta.	☒	☐
6. Se ofende cuando la gente fuma.	☒	☐
7. Se cansa fácilmente.	☐	☒

Paso 3. Based on your responses in **Pasos 1** and **2**, are you and this family member similar or different? Had you thought about these things before? _muy similar; no_

*Actividad G Para escuchar

Paso 1. Listen to the conversation between Antonio and María, two classmates who have just gotten to know each other.

Paso 2. Based on what you heard, complete the following sentence.

1. María no _se enoja_ fácilmente, pero sí _se irrita_ con frecuencia.

Paso 3. Now indicate whether the following are true, false, or not known based on the conversation. Listen again if you need to.

	SÍ	NO	NO SE SABE
1. Los amigos de María se enojan más que ella.	☒	☐	☐
2. María se irrita cuando no duerme lo suficiente.	☐	☐	☒
3. María se irrita cuando otras personas fuman en su presencia.	☐	☐	☒
4. María se irrita cuando no encuentra un libro en la biblioteca.	☒	☐	☐

❖ **Para entregar** Muchas personas...

Paso 1. Using the model shown, write five sentences to express the conditions under which people get bored, offended, worried, happy, or irritated. Use a separate sheet of paper.

  MODELO: Muchas personas ____ cuando ____.

Paso 2. Now go back and add a line about yourself for each state of mind using either

  Y yo también ____.
  or Pero yo no ____.

Ideas para explorar
Reacciones

PARA EXPRESARSE ¿CÓMO SE REVELAN LAS EMOCIONES?

Talking About How People Reveal the Way They Feel

Un día en la vida de Luis

Luis mira una película en la televisión. La película tiene escenas muy variadas.

Durante las escenas cómicas

Luis **se ríe.**

Durante las escenas románticas

Luis se siente avergonzado y **se sonroja.**

Durante una escena de suspenso

Luis **se come las uñas** porque está asustado.

Luego, al llegar el fin trágico

Luis **llora.**

Lección 11 ¿Cómo te sientes? 9

Un día en la vida de Claudia

Mientras Claudia está en su apartamento, ocurre una escena dramática entre su compañera de cuarto y el novio.

Claudia está limpiando el apartamento. Se siente muy contenta y por eso **está silbando.**

Llega su compañera de cuarto con el novio. Están muy enfadados.

Su compañera va directamente al cuarto y **se encierra.**

«Silvia, háblame.» Silvia **permanece callada.** (Es decir, no habla. No contesta.)

Finalmente, cuando se va su novio, Silvia sale de su dormitorio y comienza a **quejarse de él.** «No lo puedo creer. Sólo quiere hacer lo que él quiere. ¡Es tan egoísta!»

Claudia piensa: «¡Qué cómicos! No cambian. Siempre la misma historia.»

> **Otras expresiones**
>
> | | | | |
> |---|---|---|---|
> | asustar | to frighten | tener dolor de cabeza | to have a headache |
> | contar (ue) un chiste | to tell a joke | tener miedo | to be afraid |
> | gritar | to shout | tener vergüenza | to be ashamed, embarrassed |
> | pasarlo (muy) mal | to have a (very) bad time; to fare (very) badly | | |

*Actividad A Asociaciones

Paso 1. Observa con atención lo que le pasa a Luis en **Para expresarse**.

Paso 2. Escoge la mejor explicación para cada situación.

1. Una persona llora.
   a. Está triste. *(circled)*
   b. Está bien.
   c. Está contenta.
2. Dos personas se ríen.
   a. Acaban de escuchar (*They have just heard*) una historia muy triste.
   b. Acaban de escuchar una historia muy cómica. *(circled)*
   c.
3. Un niño se sonroja.
   a. Comió mucho durante la cena.
   b. Mira mucho la televisión.
   c. Una niña lo besó (*kissed*) en público. *(circled)*
4. Una mujer está asustada.
   a. Oye ruidos extraños (*strange sounds*) en la casa. *(circled)*
   b. Ganó mucho dinero en la lotería.
   c. Quiere darle una fiesta a su amigo.
5. Alguien tiene dolor de cabeza.
   a. Necesita la atención de un psicólogo.
   b. Está muy estresada. *(circled)*
   c. Lo pasa muy bien.

*Actividad B Más asociaciones

Paso 1. Observa con atención lo que le pasa a Claudia en **Para expresarse**.

Paso 2. Escoge la palabra o frase que se puede asociar con cada acción o estado.

1. silbar
   a. llamar a un perro *(circled)*   b. hablar con un amigo   c. escribir una composición
2. encerrarse
   a. la puerta (*door*) *(circled)*   b. la ventana (*window*)   c. el auto
3. permanecer callado/a
   a. los chistes   b. las cuentas   c. en un teatro o cine *(circled)*
4. quejarse
   a. la satisfacción   b. productos defectuosos *(circled)*   c. las uñas
5. comerse las uñas
   a. tener hambre   b. estar nervioso/a *(circled)*   c. leer algo aburrido

Lección 11 ¿Cómo te sientes?   11

***Actividad C** Definiciones Empareja correctamente las palabras de la primera columna con una definición de la segunda columna.

1. _B_ silbar
2. _C_ permanecer callado
3. _E_ tener miedo
4. _A_ gritar
5. _D_ llorar
6. _F_ asustar

a. hablar en voz muy alta
b. producir una melodía con los labios (*lips*)
c. no hablar; no decir nada
d. derramar lágrimas (*to shed tears*)
e. sentirse angustiado/a a causa de un peligro real o imaginario
f. causar miedo

UN VISTAZO   Una diagnosis

Los médicos fácilmente reconocen los síntomas de la tensión y del *stress*, ¿no? (Nota: **Diga** = command form of **decir** [Ud.])

Actividad optativa Síntomas de *stress*

En tu opinión, ¿cuáles son algunos síntomas de *stress*?

☐ Se habla sin parar (*without stopping*).
☐ No se puede dormir bien.
☐ Uno se irrita fácilmente.
☐ Se empieza a comer más y más.
☐ Uno pierde interés en su apariencia física.
☐ Uno se encierra y no quiere hacer nada.
☐ Uno deja de fumar y beber.

Nota: ¿Notaste que el **se** de **se habla, no se puede dormir** y **se empieza** es el **se** impersonal y que el **se** de **se irrita** y **se encierra** es el pronombre reflexivo? Puedes repasar esto en la **Unidad tres** si quieres.

***Actividad D** ¿Que le pasa al piloto?   José y Consuelo son dos reporteros de un periódico. Están comentando acerca de una historia que está investigando José. Escucha la conversación y luego contesta en español las preguntas a continuación.

1. Explica brevemente la historia que el reportero está investigando.
   Un piloto llega tarde al trabajo. Está tenso y nervioso. No dice nada. Sólo llora y grita. Se encierra en al cabina del avión y silba.

2. Escribe tres adjetivos que describen el estado de ánimo del piloto.
   a. *tenso*   b. *nervioso*   c. *triste*

3. ¿Dónde está y qué está haciendo el piloto ahora mismo? *El piloto todavía está en el cabina lo único que hace es silbar.*

4. No sabemos qué cosa le pasa al piloto. ¿Cuál de las siguientes puede ser la causa lógica de la conducta y del estado de ánimo del piloto?

	SÍ	NO
a. El piloto está celebrando su cumpleaños.	☐	☒
b. El piloto perdió todo su dinero en malas inversiones (*investments*).	☒	☐
c. Su esposa le pidió el divorcio.	☒	☐
d. La línea aérea le dio al piloto un aumento de sueldo (*a raise*).	☐	☒

Actividad E En el corredor   Vas a escuchar tres conversaciones diferentes. Escoge la mejor manera de concluir cada conversación. Las respuestas se darán (*will be given*) al final de cada conversación.

1. Ana:
   a. ¡Qué bien! ¡Felicidades!
   b. Pues, ¿vas a la fiesta de Miguel el viernes?
   (c.) Lo siento. ¿Vas a hablar con el profesor?
2. Carmen:
   (a.) Pues, mira, no tienes por qué enojarte conmigo.
   b. Pareces muy relajado hoy.
   c. ¿Por qué no vamos a la cafetería a tomar un café?
3. María:
   a. Sí, por eso se queja todo el día.
   (b.) Sí, por eso silba.
   c. Sí, por eso llora.

❖ **Para entregar** ¿Es lógica esta reacción?   A continuación se presentan cinco situaciones. En cada una, la persona tiene una reacción que puede ser lógica o ilógica. Indica si la reacción de la persona es lógica o ilógica en cada caso. Después, explica tu respuesta con una o dos oraciones en español.

1. Situación: Una niña de 5 años no puede encontrar a su madre en el supermercado.
   Reacción: La niña llora.
   ☒ Lógica ☐ Ilógica

   Explicación: _____

2. Situación: Un hombre lee una novela cómica.
   Reacción: Se come las uñas.
   ☐ Lógica ☒ Ilógica

   Explicación: _____

Lección 11 ¿Cómo te sientes?   13

3. Situación: El profesor les deja mucho trabajo a los estudiantes.
   Reacción: Los estudiantes se quejan.
   ☒ Lógica ☐ Ilógica

   Explicación: _____
   _____

4. Situación: A un hombre se le caen los pantalones en una fiesta cuando baila la salsa.
   Reacción: El hombre se sonroja.
   ☒ Lógica ☐ Ilógica

   Explicación: _____
   _____

5. Situación: Una mujer gana la lotería y recibe 5 millones de dólares.
   Reacción: Permanece callada.
   ☐ Lógica ☒ Ilógica

   Explicación: _____
   _____

PARA EXPRESARSE ¿TE FALTA ENERGÍA?

Talking About Things That Are Lacking, Missing, or Absent

The verb **faltar** is very much like the verb **gustar** in Spanish. Remember that in Spanish there is no verb that means *to like*. Instead, in Spanish we say that *something pleases someone*.

| A Ramón no **le gustan** las primeras clases de la mañana. | Literally: *Early morning classes are not pleasing to Ramón.* |
| **Me gusta** ayudar a otras personas. | Literally: *Helping other people pleases me.* |

Faltar works much the same way. There is no direct translation in Spanish of *I'm missing five dollars* or *Are you missing something?* Instead, **faltar** means *to be lacking* or *to be absent*, in other words *to be missing to someone else*. Thus, in Spanish the two English sentences just mentioned would be

| **Me faltan** cinco dólares. | Literally: *Five dollars are missing to me.* |
| ¿**Te falta** algo? | Literally: *Is something missing to you?* |

When someone is absent from class you would say

| Ángela **falta** hoy. No se siente bien. | *Angela is absent today. She doesn't feel well.* |

What would be the literal rendering in English of the following sentence?

A muchas personas les falta energía durante el invierno.

Literally this sentence means *During the winter energy is lacking to many people.* Typically it would be translated as *Many people lack energy during the winter.*

14 Unidad cuatro El bienestar

> **Faltar** has one other meaning in English: it can be used to express the concept of needing something. For example, at the grocery store as you check off your shopping list, you may find that you have yet to buy bread. You might say
>
> Todavía **me falta** comprar el pan.

*Actividad F Me falta...

Paso 1. Decide whether each sentence is true for you or not.

		SÍ	NO
1.	Normalmente me falta energía por la tarde.	☐	☒
2.	Después de lavar la ropa, siempre me falta algo.	☒	☐
3.	Cuando estudio para un examen, a veces me faltan apuntes (*notes*) importantes.	☐	☒
4.	Me faltan muchos cursos para completar mi campo de especialización.	☒	☐
5.	Al final del mes, siempre me falta dinero.	☐	☒
6.	Falto mucho a la clase de español.	☐	☒
7.	Falto mucho a otras clases.	☐	☒

Paso 2. How would you ask someone in class the information in items 1–5 of **Paso 1**? Write out a question for each statement and then check them in the Answer Key. If there is time in your next class session, ask someone next to you some of the questions. How do his or her answers compare with what you said in **Paso 1**?

1) Normalmente ¿te falta energía por la tarde? 2) ¿Después de lavar la ropa, siempre me falta algo? 3) ¿Cuando estudio para un examen, a veces me falta apuntes notas? 4) Te faltan...espe...? 5) ¿Al final... dinero?

Actividad G Cuando recién llegan... (*When they first arrive...*)

Paso 1. What are things that people are generally missing or lacking when they get to college? Check off the items that you think are most typical.

A muchos estudiantes cuando recién llegan a la universidad,...

☐ les falta confianza (*confidence*).
☒ les falta disciplina.
☐ les falta una buena educación secundaria.
☒ les falta la habilidad de organizar el tiempo.
☒ les falta independencia económica.
☐ les falta(n) _____.

Paso 2. Now think back to the first weeks of your college studies. Which of the following statements are true for you?

Cuando recién llegué a la universidad,...

☐ me faltaba confianza.
☒ me faltaba disciplina.
☐ me faltaba una buena educación secundaria.
☒ me faltaba la habilidad de organizar el tiempo.
☐ me faltaba independencia económica.
☐ me faltaba(n) ~~_____~~.

(Note: Do you know why the verb forms are in the imperfect? Because the state of missing or lacking was in progress at the time of arrival at college.)

❖ **Para entregar** A muchos estudiantes... On a separate sheet of paper, use several of the items from **Paso 1** and **Paso 2** of **Actividad G** to write a brief set of statements or a short paragraph describing what other people generally lack when they arrive at college and what you lacked when you arrived. Add a comment about your current situation.

MODELO: A muchos estudiantes _____. Cuando yo recién llegué, _____. Ahora/Todavía _____.

Lección 11 ¿Cómo te sientes? 15

UN VISTAZO   La comida y el estado de ánimo

Lee rápidamente la siguiente sección de un artículo. Puedes saltar las palabras que no sabes y no puedes deducir. Es posible hacer la actividad optativa sin comprender todo el artículo.

LOS ALIMENTOS Y EL ESTADO DE ANIMO

¿Ha notado usted cómo influye el estado de ánimo en las actividades normales de cada día? Es seguro que más de una vez se ha sentido tensa e irritada sin causa aparente, o simplemente incapaz de concentrarse en las tareas que por lo regular realiza sin esfuerzo alguno. Tal vez desconozca, sin embargo, que muchas veces los estados de ánimo están directamente relacionados con la alimentación, y que basta tomar determinados alimentos para modificarlos. Esto no quiere decir, por supuesto, que pueda prescindir de una dieta balanceada, pero sí que existe una cierta "estrategia" en relación con los alimentos, y que saber utilizarla apropiadamente la ayudará a regular con más eficacia sus actividades de cada día.

Los alimentos ricos en proteína, solos o acompañados de carbohidratos, aumentan la energía y hacen que se piense y se actúe con más rapidez.

Los carbohidratos solos en cambio igual efecto tienen que un calmante: alivian la tensión y relajan los nervios.

Actividad optativa ¿Qué debo comer? ¿Son las oraciones siguientes ciertas o faltas?

	CIERTO	FALSO
1. Si te falta energía durante el día, cómete un plato de pasta.	☐	☒
2. Si te falta la capacidad para concentrarte, cómete un bistec.	☒	☐

Encantar and quedar

There are other verbs that function like **gustar** and **faltar** in Spanish. **Encantar** means *to be especially pleasing*. The closest English equivalent is *to really like something* or *to just love something*.

> **Me encanta** la música de Madonna.
> Literally: *Madonna's music is especially pleasing to me.*
> *I really like Madonna's music.*

Quedar (not **quedarse**!) means *to be left*. The more typical English equivalent is *to have (something) left*.

> Pagué todas mis cuentas y ahora sólo **me quedan** $20,00.
> Literally: *I paid all my bills and only $20.00 is left to me.*
> *I paid all my bills and I only have $20.00 left.*

Actividad H A esta persona... Listen to the speaker make a statement. Then, from the choices given, decide which is the most logical conclusion.

MODELO: (you hear): Me encantan las novelas de horror.
(you select from): A esta persona...
   a. probablemente le encantan las novelas de Stephen King.
   b. probablemente le encantan los libros de Isaac Asimov.

1. A esta persona...
   (a.) probablemente le encanta comer chocolate.
   b. probablemente le encanta ir a los restaurantes chinos.
2. A esta persona...
   a. probablemente le encanta la película *Pesadilla en Elm Street*.
   (b.) probablemente le encanta la película *Romeo y Julieta*.
3. A esta persona...
   a. probablemente le encantan la pasta y las salsas de queso.
   (b.) probablemente le encantan los tacos y las enchiladas.
4. A esta persona...
   (a.) probablemente le encanta visitar Nueva York.
   b. probablemente le encanta visitar Champaign, Illinois.
5. A esta persona...
   a. probablemente le encanta ver los vídeos de Madonna.
   (b.) probablemente le encanta la ópera también.

Actividad I Matemáticas

Paso 1. Read each situation below and then answer the question that follows.

1. Al principio del semestre, en la librería había cincuenta copias de la novela *Cien años de soledad* de Gabriel García Márquez. Cuarenta y cinco estudiantes compraron copias para su clase de literatura. Una semana después, seis estudiantes dejaron la clase (*dropped the class*) y devolvieron sus libros a la librería. A la vez, dos estudiantes se matricularon (*enrolled*) en el curso que pedía esa novela y fueron a comprarla a la librería.

   ¿Cuántas copias quedan en la librería? <u>Quedan nueve copias</u>

2. Enrique, Roberto y Juliana son compañeros de cuarto. El sábado pasado fueron de compras y, entre otras cosas, compraron dos docenas de huevos. El domingo por la mañana Enrique preparó huevos fritos para todos y usó seis huevos. El mismo día Juliana hizo una torta de chocolate y usó tres huevos más. Pero al preparar la torta se le cayó (*fell*) uno, así que usó cuatro huevos en total.

   ¿Cuántos huevos quedan en el refrigerador? <u>Quedan catorce huevos</u>

3. El Día de San Valentín, Raúl le mandó una docena de rosas a su novia Elena. Desafortunadamente, cuando llegaron a la casa de Elena, dos de las flores ya estaban marchitas (*withered*). Elena puso las demás en un florero, pero su gato le dio vuelta al florero (*tipped it over*) y destruyó otra.

   ¿Cuántas rosas quedan en el florero? <u>Quedan nueve rosas</u>

4. María Jesús recibió de su madre cuarenta dólares para su cumpleaños. Para celebrar, invitó a sus amigos a tomar una copa y gastó diecisiete dólares. Al día siguiente, gastó dos dólares en la lotería pero ganó diez. Se compró una revista que le costó tres dólares y volvió a casa.

   ¿Cuánto dinero le queda a María Jesús? <u>A María Jesús le quedan veintiocho dólares.</u>

5. El primer día de clase había cien estudiantes en la clase de química. Después de recibir el sílabo, quince se asustaron y dejaron la clase. Diez más pensaban que estaban en una clase de biología y también se fueron. Pero luego aparecieron otros tres estudiantes que llegaban tarde.

¿Cuántos estudiantes quedan en la clase? _Quedan setenta y ocho estudiantes._

Paso 2. You may have thought the problems in **Paso 1** were easy. But math problems are harder to do when the information is given to you orally! Read the follow-up questions and **Vocabulario útil** before listening to the two oral problems in **Paso 3**.

1. ¿Cuántos discos de música clásica le quedan a Carlos?
2. ¿Cuántas botellas de vino le quedan a Gloria?

VOCABULARIO ÚTIL
se rompieron   (*they*) *broke*
se cayeron   (*they*) *fell*

 Paso 3. Listen to the speaker describe each situation and then answer the question that follows.

1. _a Carlos le quedan treinta y nueve discos._   2. _A Gloria le quedan dieciséis botellas._

UN VISTAZO El último refugio...

El anuncio de la revista *Natura* que aparece en la página 22 usa **quedar** en una campaña (*campaign*) inteligente para solicitar fondos para salvar el oso pardo (*brown bear*).

❖ **Para entregar** El profesor (La profesora) y yo

Paso 1. On a separate sheet of paper, write out six statements about yourself using **faltar**, **quedar**, and **encantar** (twice each) in order to tell your instructor some things about yourself.

Paso 2. Using the same verbs, make up three questions for your instructor in order to find out some things about him or her. Remember to use **te** or **le** as appropriate.

 # IDEAS PARA EXPLORAR
PARA SENTIRTE BIEN

PARA EXPRESARSE ¿QUÉ HACES PARA ALIVIAR LA TENSIÓN?

Activities for Relaxation

Para aliviar la tensión Claudia participa en actividades físicas.

Hace ejercicios aeróbicos.   Levanta pesas.   Nada.

Juega al basquetbol.   Camina.   Juega al tenis.

También le gusta hacer otras cosas que la relajan.

Sale con los amigos.   Va al cine.   Va de compras.

Lección 11   ¿Cómo te sientes?   19

Cuando se siente tenso, Luis, al igual que Claudia, hace actividades físicas como practicar deportes.

Corre. Juega al fútbol. **Juega al béisbol.** **Juega al boliche.**

A veces se dedica a actividades artísticas en su casa.

Pinta. Toca la guitarra. Canta.

*Actividad A ¡Qué fama tienen! Hay personas que tienen gran fama por su profesión o por sus habilidades artísticas o atléticas. A continuación hay una lista de actividades. También hay una lista de personas famosas. Identifica por lo menos una actividad que le da fama a cada persona. ¡Es posible que algunas personas sean famosas por más de una actividad!

ir al cine
pintar
jugar al tenis
jugar al béisbol
tocar el piano
ir de compras
levantar pesas
tocar la guitarra
correr
jugar al fútbol
hacer ejercicio aeróbico
caminar

1. Frida Kahlo: _pintar_
2. Jane Fonda: _hacer ejercicio aeróbico_
3. Mozart: _tocar el piano_
4. Bo Jackson: _jugar al béisbol; fútbol_
5. Imelda Marcos: _ir de compras_
6. Arnold Schwarzenegger: _Levantar pesas_
7. John McEnroe: _jugar al tenis_
8. Siskel y Ebert: _ir al cine_

20 Unidad cuatro El bienestar

9. Bonnie Raitt: _tocar la guitarra_
10. Carl Lewis: _Correr_

***Actividad B** ¿Cuál no debe estar?

Paso 1. Indica la acción que no debe estar en cada grupo.

1. a. correr   b. levantar pesas   c. nadar   (d.) ir al cine
2. (a.) hacer ejercicio   b. jugar al tenis   c. jugar al boliche   d. jugar al basquetbol
3. a. pintar   b. tocar la guitarra   c. cantar   (d.) ir de compras
4. a. levantar pesas   (b.) pintar   c. jugar al boliche   d. jugar al fútbol

Paso 2. Ahora, ¿con qué grupo del **Paso 1** va cada descripción?

a. _4_ Es necesario usar las manos (*hands*).

b. _3_ No es necesario salir de casa.

c. _1_ Es necesario gastar mucha energía.

d. _2_ Es necesario usar una pelota (*ball*).

Paso 3. Usando la información del **Paso 2**, trata de justificar las respuestas que diste en el **Paso 1**.

MODELO: _Ir al cine_ no debe estar en el grupo número _1_ porque _no es necesario gastar mucha energía para hacer esta actividad._

❖ **Para entregar** Recomendaciones   ¿Qué les recomiendas a las siguientes personas? Imagina que eres médico/a. Todos tus pacientes tienen problemas diferentes. En una hoja aparte, indica qué actividades le recomiendas a cada individuo.

Caso #1

Una mujer de 75 años que tuvo un ataque cardíaco hace seis meses quiere hacer ejercicio para evitar otro ataque.

Recomendación: Debe…

Caso #2

Una chica de 15 años, bien delgada y débil, desea ponerse en forma para jugar al tenis.

Recomendación:

Caso #3

Un hombre recién divorciado quiere bajar de peso (*lose weight*) pero no desea estar solo. Es decir que al mismo tiempo, quiere hacer nuevos amigos.

Recomendación:

Caso #4

Un hombre de negocios de 30 años está muy tenso. Se siente estresado. Quiere hacer algo saludable para relajarse.

Recomendación:

Anuncio para *Un vistazo*, página 18

EL ÚLTIMO REFUGIO QUE LE QUEDA AL OSO PARDO EN ESPAÑA,

ES ESTE CUPÓN.

Acorralados y perseguidos en su habitat natural, los últimos osos pardos de nuestro país han encontrado su último refugio en el rincón de esta página. Y aunque es un refugio seguro, por falta de recursos verás que también es demasiado pequeño.

Por eso en ADENA necesitamos reunir muchos cupones. Para que las seis docenas escasas de osos pardos que aún viven puedan seguir haciéndolo. Para que no se conviertan en un nuevo símbolo de extinción.

Y si su último refugio está en este periódico, su última esperanza de supervivencia está en que tú no pases la página y sí recortes este cupón.

Su última esperanza es que lo hagas ahora.

**Envíanos hoy mismo tu cupón a ADENA, Santa Engracia, 6
28010 MADRID**

FONDO MUNDIAL PARA LA NATURALEZA
ADENA/WWF

☐ **SÍ**, quiero contribuir a crear un refugio seguro para nuestros últimos osos pardos.

Nombre y Apellidos ....
....Edad...........
Dirección ....
....
Localidad .... C.P. ....
Provincia .... Tel.( ) ....

Recorta por la línea de puntos.

Envíanos este cupón con tus datos y tu firma. Recibirás tu carnet exclusivo de socio de ADENA, además de nuestra revista trimestral PANDA. Por favor, señala con una X la categoría de socio que deseas, así como la forma de pago de tu cuota.

Categoría de socio
☐ Juvenil (hasta 17 años): 2.000 pts./año.
☐ Numerario (A partir de 17 años): 3.000 pts./año.
☐ Colaborador: 7.000 pts./año.
☐ Benefactor: 12.000 pts./año.
☐ Empresa colaboradora: 250.000 pts./año.
☐ Socio protector: 250.000 pts. (una sola vez).

Forma de pago
☐ Giro Postal (a ADENA, Santa Engracia nº 6. 28010 MADRID
☐ Reembolso
☐ Banco
☐ Talón

Cuota............. X ....
                        Firma

LECCIÓN 12

¿CÓMO TE RELAJAS?

In this lesson of the *Manual* you will review and continue to practice what you have learned in class. In addition you will

- hear a Spanish speaker talk about exercise and job performance
- learn more about the use of the imperfect tense
- review and learn more preterite verb forms
- hear a Spanish speaker talk about high blood pressure and its treatment

IDEAS PARA EXPLORAR
OTRAS ACTIVIDADES

PARA EXPRESARSE ¿QUÉ HACES PARA RELAJARTE?

More Activities for Relaxation

Para relajarse las siguientes personas hacen deportes.

1.
Juegan **al golf**...

2.
al voleibol y...

3.
también **saltan la cuerda.**

Para relajarse las siguientes personas...

4.
esquían en las montañas.

5.
esquían en el agua.

A esta persona le gusta...

6.
andar en bicicleta y...

7.
patinar.

Unidad cuatro El bienestar

A esta persona le gusta...

8. **dibujar** y también...

9. **trabajar en el jardín.**

A este chico le gusta...

10. **meditar** o...

11. **bañarse** en un jacuzzi.

Actividad A ¿Cierto o falso? Vas a escuchar unas oraciones. Basándote en la información contenida en **Para expresarse**, decide si las oraciones son ciertas o falsas.

MODELO: (oyes): Unas personas esquían en el agua.
(dices): Cierto.
(oyes): Es cierto. Unas personas esquían en el agua.

1... 2... 3... 4... 5... 6... 7...
C   F   F   C   C   F   C

Actividad B Más observaciones Vas a escuchar unas preguntas sobre las personas y las actividades mencionadas en **Para expresarse**. Escoge la respuesta correcta a cada pregunta.

MODELO: (oyes): ¿Qué hacen las personas en el dibujo número cuatro, esquían o meditan?
(dices): Esquían.
(oyes): Las personas que están en las montañas esquían.

1... 2... 3... 4... 5...
1) Patina
2) Saltan la cuerda
3) medita
4) bañarse
5) trabajar

*Actividad C Sobre las actividades Escoge la respuesta que mejor complete cada oración.

1. La actividad que más se asocia con los niños pequeños es ____.
   a. esquiar   b. bañarse en un jacuzzi   (c.) saltar la cuerda
2. Un deporte que requiere la participación de otros jugadores es ____.
   a. patinar   (b.) el fútbol   c. el jogging
3. Para ____ es ventajoso (*advantageous*) ser alto.
   a. esquiar en las montañas   (b.) jugar al basquetbol   c. jugar al golf

Lección 12 ¿Cómo te relajas? 25

4. La Copa Mundial es el premio gordo del ____.
   a. fútbol   b. voleibol   c. béisbol
5. Un deporte que no se puede jugar bajo techo (*under a roof*) es ____.
   a. el tenis   b. el fútbol americano   c. el golf
6. La actividad que más se asocia con la alta velocidad (*high speed*) es ____.
   a. el golf   b. esquiar en el agua   c. andar en bicicleta
7. La actividad que tienen en común los arquitectos y los diseñadores de moda (*fashion designers*) es ____.
   a. patinar   b. meditar   c. dibujar

*Actividad D ¿Qué es?   Lee cada descripción. ¿Puedes adivinar (*guess*) a qué actividad se refiere?

1. Es un deporte favorito entre los jóvenes para divertirse en la playa. Hay dos equipos (*teams*) y el número de jugadores puede variar. Se usa una pelota (*ball*) y una red (*net*). ¿Qué deporte es? _el voleibol_

2. Esta actividad puede practicarse a solas. No se puede hacer dentro de (*inside*) la casa sino afuera (*outside*) al aire libre. No es una actividad que requiere mucha energía pero sí mucha paciencia. El resultado puede ser impresionante. ¿Qué actividad es? _trabajar en el jardín_

3. Esta actividad también puede practicarse a solas, pero también se puede hacer en grupo. No requiere actividad física, pero sí requiere concentración mental. Muchos asocian esta actividad con las religiones orientales. ¿Qué actividad es? _meditar_

4. Esta actividad no se considera un deporte, pero muchos deportistas o atletas la practican para mantenerse en forma. Requiere mucha energía si se hace por más de cinco minutos. ¿Qué actividad es? _saltar a la cuerda_

5. Esta actividad es una buena manera de relajarse sin tener que hacer nada. Uno simplemente se sienta (*sits down*) y el movimiento del agua tibia (*warm*) relaja el cuerpo. Muchos dicen que es equivalente a un buen masaje. ¿Qué actividad es? _bañarse en un jacuzzi_

UN VISTAZO   Un método antiguo de relajación

Lee la siguiente selección si quieres saber un poco sobre el masaje.

VOCABULARIO ÚTIL

los dedos	*fingers*
deslizar	*to slide*
se remonta a	*dates back to*
sillón	*armchair*
sueco	*Swedish*

Una buena ayuda en la lucha contra el estrés podría ser el masaje. Una técnica antiquísima practicada desde tiempos inmemoriales por egipcios, hindúes, griegos y romanos y que hoy vuelve a resurgir con un cierto esplendor. Las técnicas más conocidas son: el masaje sueco, introducido en Europa a mediados del siglo XIX; el masaje reichiano, basado en el concepto de «coraza muscular» de su creador, Wilheim Reich; el masaje californiano, creado en el Instituto de Esalen, en EE. UU, y que suele practicarse en seminarios de grupo; el Rolfing, desarrollado por la bioquímica del Rockefeller Institute Ida Rolf, cuyas manipulaciones corporales se dice que producen increíbles efectos psicofísicos..., o los sistemas de masajes orientales, como el Tuina chino, cuyo origen se remonta a unos 5.000 años; el Shiatsu japonés, que se aplica con los dedos, igual que el Do-in, o sus derivados occidentales, digitopuntura, reflexoterapia, tacto para la salud o terapia polar. En la actualidad existen aparatos para dar masaje —entre los que deberíamos incluir esos espectaculares sillones en los que un rodillo movido a motor se desliza sobre la espalda y vértebras cervicales—, pero muchos especialistas mantienen que nada puede igualar el contacto directo entre terapeuta y paciente.

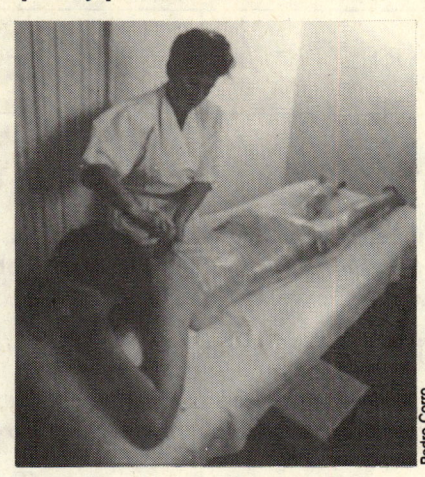

Masaje. *Un buen método contra el estrés es el masaje, practicado desde tiempos inmemoriales por egipcios, hindúes, griegos y romanos, y que hoy vuelve a resurgir.*

*Actividad E Una conversación

Paso 1. Escucha la conversación entre Elena y Roberto.

Paso 2. ¿Cuál es la situación entre Elena y Roberto?

a. Elena se siente tensa y Roberto le recomienda que haga (*that she do*) alguna actividad para relajarse.

b. Roberto se siente tenso y Elena le recomienda que haga alguna actividad para relajarse.

Paso 3. Según lo que has oído (*have heard*), ¿qué tipo de actividad es recomendable para Elena?

a. Una actividad que se hace en grupo. Un deporte tal vez.

b. Un deporte que se practica solo pero que requiere mucha actividad física.

c. Una actividad que se practica a solas, pero no un deporte.

Paso 4. De las actividades estudiadas en la Lección 11 y en ésta, ¿cuáles son recomendables para Elena? Si quieres, puedes buscar otras más en el diccionario para recomendar. *nadar, caminar, pintar, cantar, trabajar en el jardín, meditar, bañarse en un jacuzzi.*

❖ **Para entregar** ¿Qué te gusta hacer?   ¿Qué tipo de actividad prefieres hacer tú? Indícalo contestando las preguntas a continuación. Primero, en una hoja aparte, termina las oraciones 1 a 5 con la letra **a** o **b**, según tus preferencias. Luego, llena el espacio en blanco con una actividad apropiada. Puedes buscar en el diccionario otras actividades además de (*besides*) las que has estudiado hasta el momento.

1. Cuando estoy tenso/a, prefiero...   ☒ estar solo/a.   ☐ estar con otras personas.

   Por eso me gusta _____

2. Cuando me siento deprimido/a, prefiero... ☐ estar solo/a. ☒ estar con otras personas.

   Por eso me gusta _____

3. Cuando estoy contento/a, prefiero... ☐ estar solo/a. ☒ estar con otras personas.

   Por eso me gusta _____

4. Cuando estoy enfadado/a, prefiero... ☒ estar solo/a. ☐ estar con otras personas.

   Por eso me gusta _____

Para anotar

The verb **relajarse** is a true reflexive in Spanish. When someone asks you **¿Cómo te relajas?** that person is asking, literally, *How do you relax yourself?* or in more typical phrasing, *What do you do (to/for yourself) to relax?* **Relajar** is used in a nonreflexive way when someone or something relaxes someone else.

    Siempre **me relaja** mirar la televisión.   *Watching TV always relaxes me.*

The verb **poner** can be used in phrases that are the opposite of **relajar,** that is, when someone or something makes someone else tense (nervous, excited, and so on).

    Siempre **me pone tenso** tomar un examen.   *Taking an exam always makes me tense.*

    ¿No **te pone nervioso** ese señor?   *Doesn't that man make you nervous?*

You need not worry about learning to use these now, but you may see them in your readings.

VAMOS A VER
EL TRABAJO Y LA SALUD

Please complete the **Vamos a ver** worksheet at the end of the lesson and turn it in to your instructor.

IDEAS PARA EXPLORAR
LA BUENA RISA

PARA EXPRESARSE ¿QUÉ HACÍAS QUE CAUSÓ TANTA RISA?

Narrating in the Past: Using Both Preterite and Imperfect

You have learned that in Spanish there are two frequently used past tenses, the preterite and the imperfect indicative, or simply the imperfect. Both tenses are needed when narrating events in the past because Spanish encodes what is called *aspect*. You may remember from **Lección 7** of this *Manual* that aspect refers not to when an event happened but to whether the event was in progress at the time referred to. In other words, aspect refers to perceptions on the *state of an event* at a particular time.

    Correctly using the preterite and imperfect when narrating past events comes only with time and much exposure to Spanish. In *¿Sabías que...?* you will focus only on several of the more important distinctions between the two. First, the imperfect is used to refer to events that were in progress at the time being referred to. The time can be clock time (e.g., At two o'clock she was still sleeping) or it can be another event (e.g., When Daniel called, I was studying). The preterite is not used to talk about events in progress.

TIME REFERENCE	EVENT IN PROGRESS
A las dos de la tarde	todavía **dormía.**
Cuando Daniel **llamó**	yo **estudiaba.**

In the activities that follow, you will first focus on the imperfect as representing an action that was ongoing at a particular time.

Remember that regular imperfect forms have **-aba** or **-ía-** endings. Irregulars include **ser** (**era, eras, era, éramos, erais, eran**) and **ir** (**iba, ibas, iba, íbamos, ibais, iban**). You will review preterite forms later.

Actividad A Anoche... Think about last night. Visualize where you were at about 9:00, what you were doing, who was with you, how you felt, and so on.

Paso 1. Look at the following list of activities. Which one were you doing last night at about 9:00?

Anoche a las 9.00 yo...

- ☒ estudiaba.
- ☐ miraba televisión.
- ☐ hablaba por teléfono.
- ☐ cenaba.
- ☐ dormía.
- ☒ leía.
- ☐ _____.

Paso 2. Now tell where you were and whom you were with.

Estaba en _mi casa_ y _Kellee_ estaba(n) conmigo.

Paso 3. Which of the following describes how you felt? (¡OJO! More than one may be possible.)

- ☐ (No) Me sentía bien.
- ☐ Me sentía más o menos bien.
- ☒ Estaba tenso/a.
- ☐ Estaba enfadado/a (enojado/a, irritado/a).
- ☐ Estaba aburrido/a.
- ☒ Estaba preocupado/a por algo.
- ☐ _____

Paso 4. Now try to put the information together. Practice once or twice stringing together orally the activities listed in **Paso 1.** Here is a model to help you.

Anoche a las 9.00 yo hablaba por teléfono con mi papá. Estaba en casa. Nadie estaba conmigo en ese momento. No me sentía muy bien porque estaba un poco tenso/a. Estaba preocupado/a por cosas de dinero. Por eso hablaba con mi papá... _Anoche a las 9.00 yo estudiaba mi antropología era en mi casa con mi amiga Kellee. Estaba tensa y preocupada._

*Actividad B Ayer por la mañana...

Paso 1. Listen as someone talks about yesterday morning when she woke up. Then answer the questions. Just listen once, for now.

Paso 2. Choose the best completion for each sentence according to what you heard.

1. Cuando se despertó la narradora,...
   ☐ eran las seis. ☒ eran las seis y media. ☐ eran las siete.
2. La narradora se levantó temprano porque...
   ☐ tenía clase a las ocho. ☐ tenía que trabajar. ☒ tenía que estudiar.
3. Antes de salir de casa, la narradora...
   ☐ escuchaba el estéreo. ☒ estaba en silencio. ☐ hacía ejercicio aeróbico.
4. La narradora estaba desilusionada (*disappointed*) porque...
   ☒ hacía mal tiempo. ☐ la biblioteca estaba cerrada. ☐ su bicicleta tenía un pinchazo (*flat tire*).

Lección 12 ¿Cómo te relajas? 29

5. La narradora fue a la cafetería porque...
   ☒ necesitaba cafeína.   ☐ iba a reunirse con un amigo.   ☐ tenía que trabajar.

Paso 3. Listen again if you need to. Then check your answers in the Answer Key.

Paso 4. Think about the last time you woke up early. Was your experience the same as or different from the speaker's? Can you describe it using the imperfect to talk about events, actions, and states of being that were in progress at the time?

Actividad C El crimen: Parte I   Remember the well-worn lines in detective stories, "Where were you on the night of . . . ?" and "What were you doing when . . . ?" In this activity you will gather alibis given in response to these questions.

Paso 1. Someone was killed in the study of the old García mansion last night at approximately 10:30 P.M. It was Old Man García himself. Detective Arturo "No Se Me Escapan" Pérez is questioning five suspects. Listen as Detective Pérez questions the suspects about their whereabouts at the time of the murder. Take notes as you go and listen again if you need to. The first one is done for you, but you can listen to the questioning anyway.

VOCABULARIO ÚTIL: le doy el pésame   *I give you my regrets*

SOSPECHOSO	¿DÓNDE ESTABA?	¿QUÉ HACÍA?
1. Isabel Sánchez	en su apartamento	ella y su amiga miraban la tele
2. Paco Martinez	en su cuarto	lee una revista
3. Ana-Maria Garcia	en el teatro con su novio	
4. Miguel Argel	en su estudio	con su modelo
5. Dr Juan Hanos	en su casa	habla su mujer por telefono

Paso 2. Save this information for use later.

UN VISTAZO   ¿Murió?

En la siguiente tira cómica, Mafalda escucha una conversación. Observa el uso del pretérito y del imperfecto en la conversación.

VOCABULARIO ÚTIL: al fin de cuentas   *in the final analysis; in the end*

30   Unidad cuatro   El bienestar

Actividad optativa En tu propia experiencia

¿Murió alguien que tu conocías? Da los detalles.

Edad: Tenía __90__ años.

Condición física: Estaba _muy enferma_ / Sufría de _cancer_.

Dónde: Estaba en _Atlanta_.

Imperfect with *mientras* and *aunque*

The imperfect can be used with the adverbials **mientras** (*while*) and **aunque** (*even though*) to describe two events that were in progress at the same time.

Mientras el gato **dormía**, los ratones **jugaban**.
While the cat slept (was sleeping), the mice played (were playing).

Aunque Juan **quería** mucho a su papá, **tenía** miedo de hablar francamente con él.
Even though Juan cared about his father, he was afraid to talk to him frankly.

You can also use **mientras** and **aunque** with the imperfect when the other event was not in progress.

Mientras los señores **daban** un paseo, empezó a llover.
While the couple was strolling, it began to rain.

Aunque Ana **era** una buena hija, su madre no le dejó nada en el testamento.
Even though Ana was a good daughter, her mother did not leave her anything in her will.

*Actividad D Mientras Roma se quemaba (*was burning*)... Match the historical event in column A with one in column B.

1. _B_ Mientras el imperio romano crecía...
2. _C_ Mientras los Estados Unidos se expandían hacia el oeste el siglo pasado...
3. _E_ Aunque las mujeres participaban activamente en la sociedad en 1910...
4. _A_ Aunque muchas personas pensaban que el mundo era plano (*flat*)...
5. _D_ Aunque los Estados Unidos ya gozaban de su independencia en 1810...

a. Colón estaba seguro de que era redondo (*round*).
b. el imperio de los egipcios florecía (*was flourishing*).
c. los indígenas luchaban para proteger su propio territorio.
d. muchos de los territorios del resto de América todavía eran colonias españolas.
e. no podían votar en las elecciones.

Actividad E El crimen: Parte II

Paso 1. Here are some pieces of information that Detective Pérez uncovered during his investigation. You may jot down some notes if you wish.

1. Aunque Isabel era la secretaria particular del señor García, ella no le tenía ningún afecto. De hecho, lo detestaba.
2. Siempre que su señora estaba de vacaciones, el señor García salía con otra mujer a escondidas (*secretly*).
3. Aunque Paco tenía muchos años de ser su chófer, no le caía bien el señor García. El señor García no lo trataba con respeto y no le pagaba bien. Esto le molestaba a Paco porque él era buen chófer y mecánico. Estudió para mecánico cuando era soldado (*soldier*).

4. Ana María, la hija, se llevaba muy bien con su padre. Aunque ella ya no vivía en casa de sus padres, los visitaba tres veces a la semana.
5. Aunque Miguel Ángel, el artista, no era empleado del señor García, éste (*the latter*) era gran aficionado a las obras de arte de aquél (*the former*). De hecho, el señor García tenía dos retratos (*portraits*) pintados por Miguel Ángel en su casa.
6. Es cierto que el Dr. Llanos y el señor García eran amigos, pero el doctor estaba enamorado de la señora García, y ella de él. Durante los veranos, mientras el señor García andaba en viaje de negocios por Europa, el doctor y la señora García se iban a un hotel solitario y romántico en las montañas.

Paso 2. Using the statements that you have just read and information from the chart in **Actividad C**, can you come up with some answers to the following questions?

1. ¿Quién tenía más motivos para asesinar al señor García? ¿Quién no tenía ningún motivo?

   Dr. Llano tiene mas motivos. Isabel Sanchez no tenía ningunos.

2. ¿Quién tenía la oportunidad de asesinar al señor García? ¿Quién no tenía esa oportunidad?

   Dr. Llano y Ana Maria tienen la oportunidad. Isabel y Miguel no tienen esa oportunidad.

Keep the information and conclusions that you have so far. You'll need them later.

UN VISTAZO Sorpresa (*Surprise*)

En el siguiente poema de Federico García Lorca, el poeta habla de una sorpresa que le ocurrió a un pueblo (*town*) una mañana temprano: se encontró a un hombre desconocido muerto (*dead*) en la calle. Puedes escuchar el poema en la cinta mientras lo lees.

VOCABULARIO ÚTIL

abiertos al duro aire	*open to the harsh air*
asomarse	*to lean (into, toward)*
farolito	*street light*
madrugada	*early morning*
puñal	*dagger*
temblar	*to tremble*

Sorpresa

Muerto se quedó en la calle
con un puñal en el pecho.
No lo conocía nadie.
¡Cómo temblaba el farol!
Madre.
¡Cómo temblaba el farolito
de la calle!
Era madrugada. Nadie
pudo asomarse a sus ojos
abiertos al duro aire.
Que muerto se quedó en la calle,
que con un puñal en el pecho
y que no lo conocía nadie.

*Actividad optativa El imperfecto
1. Haz un círculo en todos los verbos que son imperfectos. ¿Sabes por qué se usó el imperfecto?
2. ¿Qué significa **No lo conocía nadie**?
   a. He didn't know anyone. b. No one knew him.

Review of Preterite Forms

Now that you have worked a little with the imperfect and have seen how it's used to talk about events that were in progress at a particular time in the past, it's a good idea to review the forms and uses of the preterite. The full conjugations for regular preterite verbs follow. Remember that for regular verbs, -er and -ir endings are the same.

relajarse	**conocer**	**salir**
me relajé	conocí	salí
te relajaste	conociste	saliste
se relajó	conoció	salió
nos relajamos	conocimos	salimos
os relajasteis	conocisteis	salisteis
se relajaron	conocieron	salieron

Certain -**ir** verbs have a stem vowel shift in third-person forms (e.g., **pedir** → **pidió, pidieron; sentirse** → **se sintió, se sintieron; dormir** → **durmió, durmieron; morir** → **murió, murieron**). You will just have to remember these as you encounter them in your course of study.

A number of commonly used verbs are irregular in both stems and endings; you should become familiar with them. The full conjugation of **tener** follows. Only the stems are provided for the other verbs because they have the same endings **tener** does.

tener: tuve, tuviste, tuvo, tuvimos, tuvisteis, tuvieron
estar: estuv-   poner: pus-   venir: vin-
andar: anduv-   conducir: conduj- querer: quis-
poder: pud-   decir: dij-   hacer: hic-
saber: sup-

Remember that the verb **leer** (and **creer**; in fact, any -**eer** verb) uses a y instead of an i in the third-person forms: **leyó, leyeron; creyó, creyeron**.

The verb **conocer** generally translates as *met* in the preterite. **Saber** generally translates as *found out* in the preterite.

Conocí a muchas personas en la fiesta. *I met many people at the party.*
Supe la verdad hace poco. *I found out the truth a little while ago.*

It generally takes people time to sort out both the forms of the preterite and the uses of the preterite and imperfect, so don't worry if you don't get the past-tense system straight right away. If you continue to study Spanish and are exposed to the language, you will gain control over this complex system.

Actividad F ¿Qué hicieron los abogados?

Paso 1. Imagine that a married couple works together in a law firm in southern California. In what order do you think they carried out the following activities after they left the office?

a. _10_ Se acostaron.
b. _8_ Leyeron unos informes.
c. _9_ Se bañaron juntos en el jacuzzi.
d. _1_ Tomaron una copa en su pub favorito.
e. _3_ Prepararon una cena italiana.
f. _5_ Miraron las noticias en la tele.
g. _4_ Lavaron los platos.
h. _2_ Pasaron por el supermercado para comprar pan.
i. _7_ Se cambiaron de ropa.
j. _6_ Jugaron con el perro.

Paso 2. Now listen as the wife tells you what they did last night. As soon as you see that your events are out of order, stop the tape and think again. Then keep listening. Stop the tape each time you come across a mistake, and rethink the order of events.

UN VISTAZO **Explicando una extinción**

Revisa el anuncio siguiente de *Conocer* sobre un artículo que va a aparecer en un próximo número (*upcoming issue*). (Nota las formas verbales del pretérito mientras las lees.)

VOCABULARIO ÚTIL

poner en tela de juicio   *cast doubt on* (ha puesto = una forma de **poner**)
restos de hollín   *ashen remains*
yacimientos   (*geological*) *beds*

¿Por qué murieron los dinosaurios?
El reciente descubrimiento de restos de hollín en yacimientos de hace 65 millones de años ha puesto en tela de juicio la hipótesis más aceptada sobre la extinción de los dinosaurios: estos gigantescos animales pudieron morir como consecuencia de violentos incendios sobre la Tierra y no por causa de un meteorito.

Actividad G ¿Qué hicieron?

Paso 1. Listen as each speaker describes what he or she did last night, and answer the question that follows.

1. Esta persona probablemente...
   - ☑ conoció a varias nuevas personas.
   - ☐ pasó una noche aburrida.
   - ☐ se acostó muy temprano.
2. Esta persona probablemente...
   - ☐ fue al cine después de estudiar.
   - ☑ tuvo un examen hoy.
   - ☐ lo pasó muy bien.
3. Esta persona probablemente...
   - ☐ tomó un refresco también.
   - ☐ leyó a la vez una novela de aventuras.
   - ☑ limpió su casa.
4. Esta persona probablemente...
   - ☐ le mandó una carta a un amigo.
   - ☐ trabajó mucho.
   - ☑ habló de asuntos familiares.
5. Esta persona probablemente...
   - ☐ estuvo sola toda la noche.
   - ☑ comió palomitas.
   - ☐ gastó mucha energía.
6. Esta persona probablemente...
   - ☐ comió una hamburguesa.
   - ☐ pidió una pizza.
   - ☑ pidió un plato picante.
7. Esta persona probablemente...
   - ☑ tomó seis cervezas.
   - ☐ se levantó cansada esta mañana.
   - ☐ vio y habló con muchas personas.
8. Esta persona probablemente...
   - ☑ compró flores y velas (*candles*) en el supermercado.
   - ☐ se despertó sola esta mañana.
   - ☐ se puso muy triste.
9. Esta persona probablemente...
   - ☐ se acostó a las nueve.
   - ☐ no dijo nada toda la noche.
   - ☑ bailó con varias personas.
10. Esta persona probablemente...
    - ☐ tuvo una entrevista hoy.
    - ☑ también se duchó.
    - ☐ faltó a la oficina todo el día.

Paso 2. Now listen to the tape for the answers. (Note: As you listen to the answers, what you hear may not be exactly what is written on the page.)

Actividad H El crimen: Parte III

Paso 1. Listen as Detective Pérez tells how Old Man García was killed. Take notes as you listen.

VOCABULARIO ÚTIL

al instante	*instantly*
disparar	*to fire (a gun)*
la mesita	*end table*
el mucamo	*butler*
que da al patio	*that leads to the patio*
recoger	*to pick up*
la silla	*chair*
tomarle el pulso	*to take someone's pulse*

Paso 2. Using what you just heard, answer the following questions.

1. ¿Quién fue la última persona que vio al señor García antes del asesinato? **Isabel**
2. ¿Qué instrumento usó el asesino para cometer el crimen? **La pistola**
3. ¿Quién descubrió al muerto? **Dr. Llanos**

Paso 3. Now, think about the five suspects again. What might you want to know about them based on the information about the murder?

(*Hint:* ¿Quién o qué tipo de persona pudo entrar y salir sin ser vista (*without being seen*)? ¿Quién o qué tipo de persona pudo apuntar (*aim a gun*) con tanta precisión?)

❖ **Para entregar** Lo que hicieron _____

Paso 1. On a separate sheet of paper, write a series of eight sentences describing what you imagine two famous people did last night. These people can be anyone, but they should be logically connected (e.g., the President and his wife, two co-stars on TV). You may use some of the following phrases and add some of your own.

relajarse	cenar	beber
volver a casa	hablar con (una persona)	recibir una llamada
tener una visita	ver a (una persona)	dormir (bien, mal)
acostarse	leer	ir (a un lugar)

Paso 2. Now connect the sentences in paragraph form to make a cohesive narration. (Note: It's not necessary to use the imperfect here; you are simply stringing together a series of individual events.) Some useful vocabulary and phrases follow.

entonces, luego	*then*	por fin	*finally*
tan pronto como	*as soon as*	también	*also, too*
después (de) que	*after*	durante	*during*

Title your paragraph **Lo que hicieron _____**.

Para anotar

The preterite is used to describe a single action or event with expressions such as *for ten minutes* (**por diez minutos**), *for three years* (**por tres años**), *for his entire life* (**por toda su vida**).

> FDR fue el presidente **por once años**.

How would you say *I lived in Mexico for three months*? If you said **Viví en México por tres meses**, you were correct.

In addition, if a particular event happened repeatedly and the number of times it happened is specified, the preterite is required.

> Colón **hizo cuatro viajes** a América.
> Hablé con ella **por cincos días** consecutivos y no me dijo nada de eso.
>
> *Columbus made four trips to the Americas.*
> *I spoke with her five days in a row and she didn't tell me anything about that.*

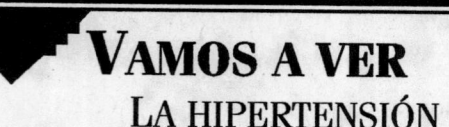

VAMOS A VER
LA HIPERTENSIÓN

Please complete the **Vamos a ver** worksheet at the end of the lesson and turn it in to your instructor.

IDEAS PARA EXPLORAR
ORÍGENES DE LA RISA

PARA EXPRESARSE ¿SE REÍA EL HOMBRE PRIMITIVO?

Narrating in the Past: Imperfect for Habitual Events

In **Lección** 7 you learned that the imperfect can be used to talk about events that were repeated in the past. These habitual events in the past often translate into English as *used to* + verb or *would* + verb, but they can also be rendered by a simple verb.

Los hombres primitivos **comían** carne cruda.	*Primitive man used to eat raw meat.*
Durante los años 50, las mujeres **se casaban** más jóvenes.	*During the 50s, women would get married at a younger age.*
De niño **dormía** con la luz prendida.	*As a child I slept with the light on.*

It is important to note that such sentences don't specify how often something happened. Use of the imperfect to express habitual events does not imply when the events began or ended nor for how long they lasted.

***Actividad A** Mis hermanos y yo

Paso 1. In a moment you will hear someone talk about what he and his siblings used to do as children. First, look over the following statements and make sure you know what they all mean.

Esta persona y sus hermanos...

a. ☑ andaban mucho en bicicleta.
b. ☑ jugaban al escondite (*hide and seek*).
c. ☑ siempre comían legumbres.
d. ☐ hacían la cama todos los días.
e. ☑ visitaban a sus abuelos cada verano.
f. ☐ iban a la iglesia los domingos.
g. ☐ miraban mucho la televisión.
h. ☑ participaban en muchos deportes escolares.
i. ☑ iban a las montañas en el invierno.
j. ☑ se bañaban todos los días.
k. ☑ jugaban mucho al béisbol.
l. ☐ compraban muchos caramelos y otros dulces.

Paso 2. Now listen to the speaker. After you finish listening, check off the items in **Paso 1** that the person mentioned. You may listen again if you need to. Answers are in the Answer Key.

Actividad B En la escuela primaria/secundaria

Paso 1. What were your grade school teachers like? Check off in the first column those statements that apply.

		ESCUELA PRIMARIA	ESCUELA SECUNDARIA
1.	Siempre sabían nuestro nombre.	☒	☐
2.	Nos ponían en orden alfabético.	☐	☒
3.	Nos trataban con mucho respeto.	☒	☐
4.	Nos daban mucha tarea.	☒	☐
5.	Hacían fiestas en clase de vez en cuando.	☒	☐
6.	Siempre tenían sus alumnos favoritos.	☐	☒
7.	Nos hacían resolver problemas aritméticos en la pizarra.	☐	☒
8.	Nos llevaban de excursión de vez en cuando.	☒	☒
9.	Nos castigaban por hablar en clase.	☒	☐
10.	Almorzaban con nosotros en la cafetería.	☒	☐
11.	Jugaban con nosotros durante el recreo (*recess*).	☒	☐
12.	Nos daban motivación para estudiar.	☐	☒

Paso 2. Was the same true for high school? Go back and check the statements again.

Paso 3. Which of the following sums up what you checked off in **Pasos 1** and **2**?

☐ Los maestros de primaria eran iguales a los de la escuela secundaria.
☒ Los maestros de primaria eran diferentes de los de la escuela secundaria.

If there is time in the next class session, compare your responses with a classmate's.

UN VISTAZO   ¿Barba o no? (*Beard or not?*)

Los lectores de la revista *Conocer* pueden presentar preguntas al director (*editor*), como se demuestra en la selección siguiente en la que un lector pregunta sobre los orígenes del afeitado (*shaving*). Por ahora, omite el primer párrafo. Concéntrate en el segundo y tercer párrafos, en los que se describen las costumbres del afeitado de épocas anteriores.

VOCABULARIO ÚTIL

arrancar	*to pull out*
la barba crecida	*grown beard*
conchas	*shells*
juzgar	*to judge*
reyes y labradores	*kings and workers*
soldados y comerciantes	*soldiers and merchants*

CONOCER mucho más

¿DESDE CUANDO LOS HOMBRES SE AFEITAN LA BARBA?

Remitida por A. Llopis. Sevilla.

AUNQUE se tienda a imaginar al hombre primitivo como un ser barbudo, los arqueólogos tienen pruebas de que nuestros antepasados se afeitaban ya la cara hace veinte mil años. Las pinturas de las cuevas representan claramente a hombres barbudos y hombres lampiños, y en las sepulturas se han encontrado pedernales y conchas afiladas que fueron las primeras navajas. Y tan pronto como el hombre dominó las técnicas del hierro y del bronce, se fabricaron navajas con estos metales.

A través de la historia, la pilosidad facial del hombre y su manera de tratarla fueron factores importantes en la vida de reyes y labradores, soldados y comerciantes. Entre los egipcios antiguos, una cara bien rasurada era símbolo de categoría. Los griegos se afeitaban cada día, y los romanos, aunque juzgaban afeminada esa costumbre, sí la realizaban en los campos de batalla, porque en la lucha cuerpo a cuerpo la barba crecida representaba un inconveniente.

En América, los indios eliminaban estoicamente sus barbas arrancando cada pelo: empleaban conchas de moluscos como pinzas.

Actividad optativa ¿Cierto o falso?

Paso 1. ¿Es lo siguiente cierto o falso?

	CIERTO	FALSO
1. Los hombres no se afeitaban durante «el Período Clásico».	☐	☒
2. Los egipcios se afeitaban como símbolo de estatus.	☒	☐
3. Los indios de América se afeitaban con navajas de metal.	☐	☒

Paso 2. Ahora lee el primer párrafo. Salta las palabras que no puedes deducir del contexto. A continuación aparecen unas palabras clave:

barbudo   *bearded*
cuevas   *caves*

Paso 3. Según lo que has leído, ¿cuál es el mejor resumen (*summary*) del primer párrafo?

☐ a. El hombre primitivo no practicaba la costumbre de afeitarse.
☒ b. Hay evidencia de que el hombre primitivo ya tenía la costumbre de afeitarse la barba.

Paso 4. Ahora mira el artículo otra vez. Haz un círculo en todos los usos del imperfecto para describir acciones habituales en el pasado. ¿Cuántos encontraste?

*Actividad C El crimen: Parte final Listen as Detective Pérez continues interviewing the five suspects. Jot down the things that they say about their relationships with Old Man García. The first one is done for you.

SOSPECHOSO	RELACIONES CON EL SR. GARCÍA
1. Isabel Sánchez	se llevaban bien, él la trataba bien, le hablaba con respeto (le decía siempre «señorita»), él le pagaba bien también
2. Paco Martinez	era bien chofer bueno relaciones pero no amigos
3. Ana Maria Garcia	excellente padre - muy sympatico, visita con frequencia - muy generosa
4. Miguel Angel	bueno - Garcia respectaba sus pinturas amigos
5. Dr. Jean Llanes	amigos para 30 años, grande amigos celebrado navidades juntas.

❖ **Para entregar** ¿Quién lo hizo?   In a short essay (one page or less), explain who you think killed Old Man García. Support your claim with evidence. Before turning it in, check your essay for appropriate use of the preterite and imperfect. (You may also want to double-check it for correct use of object pronouns.)

Nombre _____ Fecha _____ Clase _____

Vamos a ver: El trabajo y la salud   (page 28)

Anticipación

Paso 1. En un momento vas a escuchar a alguien hablar en la cinta sobre el trabajo y la salud. Según lo que vas a oír, muchas personas que trabajan ocho horas al día no hacen ejercicio. ¿Por qué? Da una posible explicación para esto.

_____

Paso 2. ¿Por qué les interesa a algunas compañías que sus empleados hagan ejercicio (*that their employees exercise*) o no? ¿Qué impacto puede tener esto en el trabajo? Escribe aquí una posible relación entre el ejercicio y el trabajo.

_____

Exploración

Paso 1. Ahora escucha la cinta. Por el momento sólo tienes que prestar atención a las ideas principales.

Paso 2. ¿Captaste las ideas principales? ¡A ver! Indica de cuáles de los siguientes temas se habló.

	SÍ	NO
1. cómo la salud afecta el trabajo	☐	☐
2. diferencias entre la productividad de los empleados de las compañías grandes y los de las compañías pequeñas	☐	☐
3. recomendaciones para traer la salud al lugar de trabajo	☐	☐
4. información sobre la nutrición y la productividad	☐	☐

Paso 3. Vuelve a escuchar. Esta vez presta más atención a los detalles.

Paso 4. Según lo que has oído, ¿son ciertas o falsas las siguientes oraciones?

	C	F
1. Muchas personas faltan al trabajo porque van al gimnasio o a un club deportivo.	☐	☐
2. Económicamente, no es práctico instalar un centro deportivo en el lugar de trabajo.	☐	☐
3. Una desventaja de las soluciones que se dan es que las compañías pequeñas no pueden sacar beneficios.	☐	☐
4. Muchas personas no hacen ejercicio por falta de tiempo.	☐	☐

Paso 5. Ahora vuelve a lo que escribiste en la sección **Anticipación**. ¿Se mencionó en la cinta o se habló de lo que tú indicaste?

Paso 6. Completa la siguiente tabla con información apropiada. Puedes escuchar la cinta una vez más si quieres.

Por qué no hacen ejercicio muchos empleados:

1. _____

Dos soluciones:

1. _____

2. _____

Lección 12   ¿Cómo te relajas?   **41**

Los beneficios de un programa de salud:

1. _____

2. _____

3. _____

Síntesis

Empleando la información de la tabla, explica cuáles son las ventajas y/o desventajas de cada solución. ¿Para qué tipo de compañía es más apropiada cada solución? Escribe un ensayo (*essay*) comentando estos puntos.

El pasaje (*passage*) ofrece dos posibles soluciones para animar a los empleados a que hagan ejercicio. Una solución que se da es _____

_____

_____

_____

Otra recomendación es _____

_____

_____

_____

¡Sigamos! ¡Excusas!

Paso 1. Muchos empleados dicen que no hacen ejercicio porque no tienen tiempo. ¿Por qué no? Explica tú lo que hacen el resto del día.

Por la mañana

Después de las cinco de la tarde

Por la noche

Los fines de semana

Paso 2. Ahora indica si la falta de tiempo es una buena excusa o no según lo que has indicado en el **Paso 1**.

    a. Sí, es una buena excusa porque como se ve, son muy pocas las horas disponibles para hacer ejercicio.
    b. No es una buena escusa. Lo que pasa es que muchos no saben distribuir bien su tiempo.
    c. _____

LECCIÓN 13

¿EN QUÉ CONSISTE EL ABUSO?

¿Cómo reconocer a un hijo drogadicto?

In this lesson of the *Manual*, you will review and continue to practice what you have learned in class. In addition, you will

- hear a Spanish speaker talk about workaholics and their characteristics
- read about preventing injuries
- learn more about **tú** commands

IDEAS PARA EXPLORAR
HAY QUE TENER CUIDADO

PARA EXPRESARSE ¿QUÉ ES UNA LESIÓN?

Talking About Injuries

DAÑINO *adj.* Se aplica a lo que causa un daño: *Algunos mariscos son dañinos si se comen crudos.*

DAÑO *m.* Efecto negativo. Detrimento: *Este problema puede causar mucho daño.* Dolor: *Estos zapatos me hacen mucho daño.*

HERIDA *f.* El resultado físico de la acción de herir: *Muchos atletas sufren heridas mientras practican.*

HERIR *v. tr.* Causar en un organismo un daño en que hay destrucción de los tejidos, como un golpe con un arma, etcétera: *El soldado hirió al enemigo con un disparo de pistola.*

LESIÓN *f.* Sinónimo de herida: *El corredor sufrió una lesión del tobillo.*[a]

[a]ankle

Vocabulario útil: Repaso

el peligro	riesgo inminente
peligroso/a	que ofrece peligro

Actividad A ¿Qué es?

Paso 1. Basándote en el vocabulario nuevo que aparece en **Para expresarse**, indica lo que la persona está describiendo.

1. Francisco: «Un día, mientras corría, sentí un dolor en la pierna (*leg*). Vi al médico y me dijo que tenía que dejar de correr por un mes».
   Francisco está describiendo...
   a. un daño.   (b.) una herida.

2. María Luisa: «Recuerdo que un día iba en mi carro por las montañas de Santa Cruz. Iba a 55 millas por hora y, de repente, en una curva, vi que se me acercaba un carro sin frenos (*brakes*). Por poco tuve un accidente».
   María Luisa está describiendo...
   (a.) un peligro.   b. una lesión.

3. Roberto: «Antes trabajaba en una fábrica (*factory*) de textiles. Usaba una máquina que cortaba (*cut*) telas (*fabrics*). Un día, por estar distraído, la máquina me cortó un dedo (*finger*). Ahora tengo sólo cuatro dedos en la mano izquierda».
   Roberto está describiendo...
   (a.) un incidente en el que se hirió.   b. un trabajo que no ofrece ningún peligro.

4. Carmen: «Leí en una revista sobre la destrucción de la capa de ozono en la atmósfera. El artículo decía que la contaminación y la desforestación son algunas de las causas de este problema. Me parece que esto merece nuestra atención, ¿no lo crees?»
Carmen está describiendo algo que…
(a.) provoca un daño.   b. puede herir a una persona.

Paso 2. Escucha a la persona hablar en la cinta. Luego, escucha la respuesta correcta.

Actividad B Acciones y resultados

Paso 1. Empareja las acciones con los resultados.

ACCIONES

1. __F__ levantar algo pesado (*heavy*)
2. __A__ cocinar
3. __E__ tener una pelea (*fight*)
4. __B__ esquiar
5. __D__ caerse (*to fall*)

RESULTADOS

a. cortarse un dedo
b. romperse un brazo (*break an arm*)
c. romperse una pierna
d. resultar con la nariz rota (*broken*)
e. resultar con un ojo morado (*black eye*)
f. sufrir un daño en la espalda (*back*)

Paso 2. Escucha a la persona en la cinta para ver si estás de acuerdo con lo que dice sobre las acciones en el **Paso 1.**

Actividad C ¿Peligroso o dañino?   Muchos opinan que **dañino** y **peligroso** no significan lo mismo. Es decir que para ellos, éstas no son sinónimas. En esta actividad vas a ver si para ti significan lo mismo o no.

Paso 1. Indica si cada una de las actividades a continuación puede ser dañina o si puede ser peligrosa.

MODELO: Ver televisión puede ser dañino.
Trabajar de policía puede ser peligroso.

1. Chismear (*to gossip*) Si una persona es chismosa es muy dañino.
2. Decir una mentira (*lie*) Decir una mentira es peligroso.
3. Escuchar constantemente música a todo volumen puede ser dañino.
4. Fumar (*to smoke*) puede ser dañino y peligroso.
5. Practicar el paracaidismo (*to skydive*) puede ser peligroso.
6. Montar en motocicleta sin casco (*helmet*) puede ser dañino.
7. Salir solo/a de noche en una ciudad grande puede ser peligroso.
8. Consumir una dieta alta en grasa puede ser dañino.
9. Tomar más de tres tazas de café diariamente puede ser dañino.
10. Tomar el sol (*sunbathe*) puede ser dañino y peligroso.
11. Tomar tranquilizantes o pastillas (*pills*) para dormir puede ser peligroso.

12. Trabajar en las minas de carbón _puede ser peligroso_
13. Usar pesticidas sin llevar máscara (*mask*)
    puede ser dañino.

Paso 2. Piensa en las clasificaciones que hiciste en el **Paso 1**. ¿Qué tendencias notas? ¿Cuál es la diferencia entre una actividad dañina y una peligrosa?
salud   _situacciónes_

Paso 3. Indica cuál de las siguientes opiniones es la más apropiada.

a. Para mí, una actividad dañina puede tener consecuencias mucho más graves que una actividad peligrosa. Por ejemplo, una actividad dañina puede conducir a (*lead to*) la muerte.
b. Para mí, una actividad peligrosa puede tener consecuencias mucho más graves que una actividad dañina. Por ejemplo, una actividad peligrosa puede conducir a la muerte.

UN VISTAZO   La prevención de lesiones

En las páginas 50–51 hay parte de un artículo que apareció en una revista para corredores, es decir, para personas que corren. La actividad que sigue a continuación se refiere a ese artículo.

Actividad optativa Para corredores…

Paso 1. Lee el título y la información que acompaña las fotos. ¿Puedes deducir el significado de la palabra **estiramiento**?

Estiramiento quiere decir…
   a. running shoe   (b.) stretching exercises   c. "carbo loading"

Paso 2. Ahora busca en el artículo los párrafos dónde se habla de los siguientes puntos e indica si cada uno es cierto (C) o falso (F). Como siempre, debes saltarte las palabras nuevas cuyo significado no puedes deducir.

1. _C_ Después de hacer los estiramientos, el corredor debe trotar suavemente primero y no a una alta velocidad.
2. _F_ Como superficie (*surface*), el cemento es mejor que el césped (*grass*).
3. _F_ Normalmente la lluvia no implica daño así que no es necesario hacer nada especial si se corre mientras llueve.

¡Ahora sabes un poco más sobre la prevención de lesiones!

❖ **Para entregar** Una vez…   En una hoja aparte, escribe un breve párrafo sobre un incidente en el que tú u otra persona que conoces resultó herida. Puedes seguir uno de los modelos a continuación, llenando los espacios en blanco con tus propios detalles.

MODELOS: Una vez me herí mientras ____. Yo ____ cuando ____. La herida (no) fue ____, así que (no) tuve que ____.

Una vez ____ se hirió mientras ____. (Él/Ella) ____ cuando ____. La herida (no) fue ____, así que (no) tuvo que ____.

UN VISTAZO Un anuncio

El siguiente anuncio apareció en una revista para corredores. ¿Qué tipo de servicio ofrece Ángel Ballesteros?

VOCABULARIO ÚTIL: produzca, repare   formas del subjuntivo de **produce** y **repara**, respectivamente

> ¿Conoces alguna forma de entrenamiento que no produzca fatiga y además repare tus músculos?
>
> Angel Ballesteros
> masajis
>
> Leganitos, 33
> 28013-MADRID

Si dices que Ángel Ballesteros es masajista, o que da masajes, estás en lo correcto. ¿Pueden causar algún daño los masajes? ¿En qué aspecto pueden ser dañinos?

VAMOS A VER
LOS ADICTOS AL TRABAJO

Please complete the **Vamos a ver** worksheet at the end of the lesson and turn it in to your instructor.

IDEAS PARA EXPLORAR
LA TELEVISIÓN COMO HÁBITO

PARA EXPRESARSE ¿VEÍAS LA TELEVISIÓN DE NIÑO/A?

The Imperfect of *ver*

Like **ser** and **ir**, **ver** is a verb that has an irregular stem in the imperfect tense. For regular -er verbs you drop the -er and add appropriate -ía- endings, but for **ver** retain the e and use **ve-** as the stem: **veía, veías, veía, veíamos, veíais, veían.**

(*continued on page 52*)

Lección 13 ¿En qué consiste el abuso?

Medicina natural

Lectura para *Un vistazo*, página 48

¿Cómo prevenir

Son muchos los corredores y atletas que, a consecuencia de una lesión, han dejado el atletismo o han sido apartados de una competición importante antes de celebrarla; pero ¿cuántos de estos atletas, algunos de ellos profesionales, respetan las normas mínimas para prevenir lesiones? Algunos de ellos tal vez nos pregunten cuáles son esas normas. Pues bien, vamos a hacer unas pequeñas referencias sencillas pero básicas a la hora de prevenir lesiones.

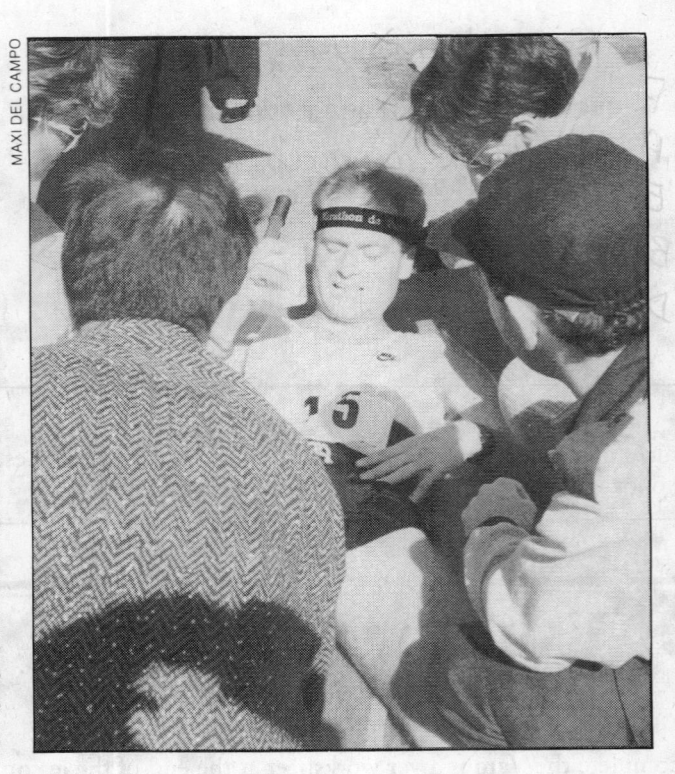

El acondicionamiento físico adecuado, como base de un buen entrenamiento, que[a] se hará según las posibilidades reales y buscando el momento oportuno. Las diferentes fases del entrenamiento deben permitir el fortalecimiento, la adaptación y la recuperación perfecta del organismo.

El entrenamiento está encaminado a aumentar la fuerza, la resistencia y la velocidad, pero todo ello guardando un equilibrio con el reposo, igualmente necesario.

En los entrenamientos de fuerza con pesas, atender a desarrollar los músculos armónicamente, sin dar preponderancia a un grupo muscular determinado en detrimento de otro.

Para conseguir mayor resistencia es necesario que elaboremos un plan de entrenamiento marcadamente individual. Hay personas que lo harán mejor con intervalos y otros con carreras de fondo suaves.

El aumento de velocidad se consigue gracias a una buena coordinación muscular, buena condición anaeróbica y ritmo. Este punto debería ser especialmente importante para los corredores que deban esforzarse al límite varias veces al año, ya que ese esfuerzo límite y las lesiones están cerca. Las audiciones musicales para la búsqueda y mejora del ritmo pueden ayudar y es aconsejable que el atleta tenga su medida de máximo esfuerzo y no intente sobrepasarla en todas las competiciones; si no, las lesiones serán su amenaza continua.

El calentamiento y la vuelta a la normalidad es algo muy personal para cada atleta. No obstante, en este calentamiento ocupan un

[a] Esta frase debe leerse sin la palabra que.

y evitar lesiones?

Pablo Saz Peiró

Los estiramientos bien realizados, antes y después de la actividad deportiva evitarán un gran número de lesiones.

puesto muy importante los ejercicios de estiramiento bien realizados. Puedo asegurar que hay muchas personas (e incluso grandes atletas), que los llevan a cabo deficientemente. El ejercicio de estiramiento se hace con la máxima lentitud posible, sin esfuerzo y con la posición adecuada y correcta para no forzar el músculo. Esto debe ir seguido de un trote suave que se repite al final de la carrera.

Respecto al **estilo de carrera** podemos decir que cada persona tiene el suyo, pero los hay que producen lesiones, es decir, que se apartan tanto del buen hacer fisiológico que producen excesivas lesiones.

Es preciso revisar la posición de los pies, de la cadera, del tórax, de los brazos, la capacidad de correr relajado; todo ello es importante para adquirir un buen estilo, o bien que el modo de correr se halle dentro de unas normas fisiológicas que tiendan hacia la armonía del movimiento y no a producir lesiones.

El poseer un buen equipo es fundamental para evitar lesiones. Unas malas zapatillas pueden ser fuente de ellas; lo mismo se puede decir de la ropa interior, sobre todo la que toma contacto con el cuerpo.

Existen asimismo **situaciones o factores ambientales** que favorecen la producción de lesiones. No es lo mismo correr en asfalto, cemento, pistas, césped o arena. Cada terreno posee unas características que debemos tener en cuenta; todos ellos son buenos, pero observando diferentes normas para cada uno y viendo para qué nos puede servir. En césped podemos correr mucho tiempo sin problemas; en cemento, con más cuidado, ya que se produce un fuerte choque sobre las articulaciones. La arena fortalece, pero produce acortamiento muscular, lo que deberemos suplir con estiramientos. O sea, que deberemos tener en cuenta siempre la superficie sobre la que corremos.

Las condiciones atmosféricas también influyen en la carrera. La lluvia, el viento, la nieve, deben ser abordados con equipo especial. El calor, el frío, el cambio de altitud, el exceso de sol, la contaminación producida por los automóviles, las carreras nocturnas en lugares con poca luz, todos ellos son factores importantes a tener en cuenta a la hora de evitar lesiones.

Atención y cuidado en general con los perros; todos los dueños dicen que su perro no muerde, pero al único que no le muerde es a él.

El atender a los signos del cuerpo o a lesiones pequeñas puede evitar lesiones mayores.

Cuando el cuerpo nos avisa con fatiga, molestias musculares, anorexia (pérdida de apetito) e insomnio, nos está diciendo que hemos sobrepasado la óptima media del entrenamiento.

Las contracturas, las pequeñas heridas del pie, los pequeños callos o ampollas, todos estos puntos deben ser cuidados para evitar males mayores.

Respecto a cómo afrontar cada uno de estos problemas en particular, hablaremos en números próximos, pero debemos hacernos a la idea de que el cuidar estos pequeños detalles es la base de la prevención y por ello algo a tener en cuenta por toda persona que está practicando algún deporte y mucho más por aquellas personas que viven del deporte. ■

De niño, yo siempre **veía** mucho la televisión. ¿Y tú?
En mi familia, no la **veíamos** tanto.

Remember that the conjugation for **ir** is as follows: **iba, ibas, iba, íbamos, ibais, iban.** For **ser**, the forms are **era, eras, era, éramos, erais, eran.**

Actividad A ¿Con qué frecuencia?

Paso 1. Indicate how often the following happened when you were in elementary school.

	CON FRECUENCIA	DE VEZ EN CUANDO	RARAS VECES
1. Veía a mis abuelos.	☐	☒	☐
2. Veía a mis compañeros de escuela durante el verano.	☒	☐	☐
3. Veía a mis maestros fuera de clase (por ejemplo, en el supermercado, en la iglesia…).	☐	☒	☐
4. Veía televisión.	☐	☒	☐
5. No veía a mis padres.	☐	☐	☒

Paso 2. Now listen to the three speakers. With which do you have most in common regarding whom or what you used to see as a child?

UN VISTAZO   Una preocupación materna

Aquí está la tira completa del ejercicio que hiciste en la página 348 de tu libro de texto. ¿Cómo se compara el final de tu historia con la versión original?

Actividad B La televisión de antaño (*yesteryear*) ¿Cómo eran los programas de televisión que veías de niño/a? ¿Eran diferentes de los que se presentan hoy?

Paso 1. Piensa en los programas que veías de niño/a y escoge las opiniones que mejor reflejen lo que recuerdas. (¡OJO! No debes tomar en cuenta los dibujos animados [*cartoons*], sólo los programas regulares.)

SOBRE LOS PERSONAJES
- ☐ Los personajes eran más reales; eran personas como todas.
- ☒ Los personajes eran menos reales; no eran personas como todas.

SOBRE LAS SITUACIONES
- ☐ Las situaciones eran creíbles.
- ☒ Las situaciones eran increíbles.

SOBRE EL LENGUAJE
- ☐ El lenguaje de los personajes era natural. Es decir, hablaban como lo hacen las personas reales.
- ☒ El lenguaje de los personajes no era natural. No hablaban como lo hacen las personas reales.

Paso 2. Por lo que indicaste en el paso anterior, ¿a qué conclusión llegas?

- ☐ La televisión era como la de hoy.
- ☒ La televisión era diferente de la de hoy.

UN VISTAZO Guille y la televisión

Tanta es la atracción que Guille siente por la televisión que hasta sueña (*dreams*) con ella.

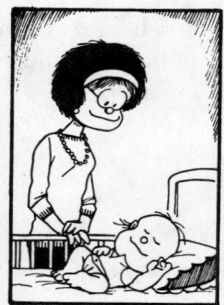

IDEAS PARA EXPLORAR
SALIENDO DE LA ADICCIÓN

PARA EXPRESARSE ¿QUÉ DEBO HACER? —ESCUCHA ESTO

Affirmative *tú* Commands

As you know, command forms differ based on whether you address someone as **tú** or as **Ud.** In this lesson, you will focus on **tú** commands.

Commands can be either direct or indirect. Indirect commands take a variety of forms, from polite requests to very subtle statements. For example, *Would you mind closing the door? Is the door open?* and *It's chilly in here* might be said in different contexts in order to get someone to close the door. Direct commands, on the other hand, are exactly what their name suggests. When someone utters a direct command, the person addressed has no doubt that he or she is supposed to do something: *Close the door, please.*

Affirmative **tú** commands in Spanish look exactly like regular third-person present-tense indicative verb forms.

> **Cierra** la puerta, por favor.   *Close the door, please.*
> **Mira** esto.   *Look at this.*
> **Escribe** dos oraciones.   *Write two sentences.*

A handful of common verbs have irregular **tú** command forms.

decir:	**Di** la verdad.	*Tell the truth.*
hacer:	**Haz** dos más.	*Make two more.*
ir:	**Ve** a la tienda.	*Go to the store.*
poner:	**Pon** tus libros aquí.	*Put your books here.*
salir:	**Sal** si puedes.	*Get out if you can.*
venir:	**Ven** conmigo.	*Come with me.*

Both direct and indirect object pronouns, as well as reflexive pronouns, are attached to the end of affirmative **tú** commands. Indirect objects always precede direct objects.

> **Cómelo**, si quieres.   *Eat it if you want.* (*it* = **el sandwich**)
> **Dámelas**, por favor.   *Give them to me, please.* (*them* = **las páginas**)
> **Cálmate**.   *Calm down.*

*Actividad A Para comer mejor... Think about what you remember from **Unidad 3, A la hora de comer.** Using the **Unidad 3** nutrition information that you remember, which of the following commands would you pay attention to if you wanted to improve your diet?

1. ☐ Come más carne y menos carbohidratos.
2. ☒ Ingiere menos cafeína.
3. ☐ Agrégale más sal a la comida.
4. ☒ Bebe más agua.
5. ☐ Come más comidas ricas en grasa.
6. ☐ Come más dulces y caramelos.
7. ☒ Come más verduras frescas.
8. ☐ Come menos frutas.
9. ☒ Consume más proteínas.
10. ☒ Come más cereales, granos y fibra.

Actividad B Perros y niños

Paso 1. Here are some expressions that will be used in the commands in **Paso 2.**

VOCABULARIO ÚTIL

sentarse (ie)	*to sit down*
echarse	*to lie down*
saltar	*to jump*
dar la mano	*to shake hands* (Literally: *to give someone your hand*)
revolcarse (ue)	*to roll over*
callarse	*to be quiet*

Paso 2. Which of the following are typical commands that people give to dogs? Which are commands that parents often give to children? Which are sometimes uttered to both dogs and children? The commands are given on tape for you to hear as well.

	SÓLO A LOS PERROS	SÓLO A LOS NIÑOS	A LOS DOS
1. Siéntate.	☐	☐	☒
2. Habla.	☐	☐	☒
3. Ve a jugar afuera (*outside*).	☐	☐	☒
4. Dame un beso (*kiss*).	☐	☐	☒
5. Échate.	☐	☒	☐
6. Tráeme las zapatillas (*slippers*).	☒	☐	☐
7. Lávate las manos.	☒	☐	☐
8. Ven (para) acá (*here*).	☒	☐	☐
9. Salta.	☐	☒	☐
10. Dame la mano.	☒	☐	☐
11. Revuélcate.	☒	☐	☐
12. Come.	☒	☐	☐
13. Cállate.	☐	☒	☐
14. Sal afuera.	☐	☒	☐

Paso 3. Basing your answer on **Paso 2** only, with which statement do you agree?

☐ Se trata a los perros y a los niños de manera muy diferente.
☐ En cierto sentido, se trata a los perros y a los niños más o menos de la misma manera.
☐ Se trata a los perros y a los niños exactamente de la misma manera.

PARA EXPRESARSE ¿QUÉ NO DEBO HACER? —¡NO HAGAS ESO!

Negative *tú* Commands

Negative **tú** commands are formed by taking the **yo** form of the present-tense indicative, dropping the **-o** or **-oy**, and adding what is called *the opposite vowel* + **s**. The opposite vowel is **a** if the verb is an **-er** or **-ir** verb. The opposite vowel is **e** if the verb is an **-ar** verb. Any stem changes or irregularities of the **yo** form in the present-tense indicative are retained. And of course, reflexive verbs have the pronoun **te**.

vengo → veng- + -as → no vengas
me acuesto → acuest- + -es → no te acuestes
doy → d- + -es → no des

Among the handful of verbs whose negative **tú** commands are not formed in this way are the following:

ir: no vayas
ser: no seas

Some verbs have spelling changes either to keep a certain pronunciation or because Spanish simply does not allow certain letter combinations. (You may wish to review this from **Lección 4** of the *Manual* on the formation of **yo** forms in the preterite.)

buscar: No me busques.
llegar: No llegues tarde.
comenzar: No comiences, por favor.

Unlike affirmative **tú** commands, negative **tú** commands require all pronouns to precede the verb.

No me digas eso.   *Don't tell me that.*
No te levantes tarde.   *Don't get up late.*
No me lo pidas.   *Don't request it of me.*

Lección 13 ¿En qué consiste el abuso?   55

Actividad C Conversaciones incompletas

Paso 1. Listen to each incomplete conversation. Then select the most logical way for one of the speakers to continue the interchange. In each case, the options contain commands.

1. Hablan María y Teresa. María dice que tiene un problema.
   TERESA:
   a. No trabajes tanto. Sal con tus amigos de vez en cuando.
   (b.) Prepárate bien porque mañana hay un examen.
   c. Estudia con alguien, en la biblioteca. No te quedes tanto en casa.
2. Hablan Carlos y Juan. Juan ha recibido malas noticias.
   CARLOS:
   a. Pues sigue los consejos del doctor. No te pongas triste.
   b. No te alarmes. Haz lo que quieras y no le hagas caso al doctor.
   (c.) Explícale al doctor que eso es imposible. Dile que quieres otra medicina.
3. Marisol e Isabel están conversando e Isabel le cuenta algo que le preocupa.
   MARISOL:
   (a.) Olvídalo. Probablemente no sea nada.
   b. Busca entre sus cosas. Allí debe estar la prueba definitiva.
   c. Llama primero a sus profesores. Quizás ellos sepan algo más del caso.

Paso 2. Now listen to the completed conversations. How do your selections compare with the actual conversations?

UN VISTAZO   Cómo curarse de un dolor

En la siguiente lectura breve, hay instrucciones para los que hacen ejercicio regularmente sobre cómo se puede curar un dolor común. Léela rápidamente para comprender las ideas principales. Luego, haz la actividad siguiente. Puedes volver a leer mientras contestas las preguntas.

VOCABULARIO ÚTIL   costado izquierdo   *left side (under ribs)*

UN DOLOR COMUN

¿En algún momento, mientras practicas ejercicios, has sentido un dolor punzante en el costado izquierdo? No te alarmes. Se trata de un dolor muy común, causado por haber comido o bebido poco tiempo antes de empezar a hacer ejercicios. Lo que te sucede es que los gases provocados por la comida o la bebida se acumulan en el estómago y dan lugar a este dolor. Para evitarlo, te recomendamos que esperes al menos una hora después de comer para practicar deportes o ejercicios. No te olvides de hacer ejercicios de calentamiento por espacio de 15 minutos, antes de ponerte en movimiento con tu rutina de aeróbicos. Empieza haciendo ejercicios moderados para llegar después a la rutina de mayor intensidad. Y la próxima vez que se te presente este dolor, haz lo siguiente: deja de ejercitarte, sobre todo si estás nadando, porque puede ser peligroso. Date un masaje en el área que te duele. Respira profundamente y exhala poco a poco, para relajar el diafragma. Eleva tus brazos sobre tu cabeza para que los músculos abdominales se "liberen".

Actividad optativa ¡No te alarmes!

Paso 1. ¿Qué causa el dolor de que se habla en la primera parte del artículo?

- ☐ la falta de estiramientos y calentamiento antes de hacer ejercicio
- ☐ el uso de zapatos no apropiados
- ☒ ciertos gases producidos por la digestión

Paso 2. ¿Cuál de las siguientes recomendaciones se hace en la selección?

- ☐ Si comes, espera (*wait*) media hora antes de hacer ejercicio.
- ☒ Si comes, espera una hora antes de hacer ejercicio.
- ☐ Si comes, espera dos horas antes de hacer ejercicio.

Paso 3. Revisa la lectura y haz un círculo en todos los verbos usados tanto en las formas afirmativas como las negativas del mandato (*command*). ¿Los encontraste todos? ¿Sabes lo que todos quieren decir y cuál es el infinitivo? (1) no te alarmes (2) no te olvides (3) empieza (4) haz (5) deja (6) date (7) respira (8) exhala (9) eleva

Actividad D Más sobre perros y niños

Paso 1. Here are some expressions that will be used in the commands in **Paso 2**.

VOCABULARIO ÚTIL

los muebles	*furniture*	la moqueta	*carpeting*
el lodo	*mud*	pelear	*to fight*
pisar	*to step on, walk on*	morder (ue)	*to bite*

Paso 2. Think again about dogs and children. How would you classify the following negative commands? The commands are given on tape for you to hear as well.

	SÓLO A LOS PERROS	SÓLO A LOS NIÑOS	A LOS DOS
1. No saltes en el sofá.	☒	☐	☐
2. No te sientes en los muebles.	☐	☐	☒
3. No juegues en la calle.	☐	☒	☐
4. No me beses.	☒	☐	☐
5. No te revuelques en el lodo.	☐	☒	☐
6. No pises la moqueta con los pies sucios.	☐	☐	☒
7. No pelees con ese gato.	☐	☒	☐
8. No me muerdas.	☐	☒	☐
9. No comas en la cama.	☒	☐	☐
10. No toques eso.	☒	☐	☐
11. No hagas tanto ruido.	☐	☐	☒

Paso 3. Considering not only the preceding items but also the earlier activity with affirmative commands, with which statement do you agree? Have you changed your mind?

(a.) Se trata a los perros y a los niños de manera muy diferente.
b. En cierto sentido, se trata a los perros y a los niños más o menos de la misma manera.
c. Se trata a los perros y a los niños exactamente de la misma manera.

❖ **Para entregar** Y los gatos...

Paso 1. Cats may or may not be like dogs (and children). On a separate sheet of paper, write five affirmative commands in Spanish that you would give to a cat in order to train it. Also write five negative commands in Spanish that you would give to a cat to train it.

Paso 2. Write a statement about whether or not you think we speak to children and animals differently when we give commands. Do we speak to all animals the same way?

Para anotar

Spanish has command forms for **Ud.**, as well as for **tú**. (You may wish to review the information in **Lección 2** about the use of **tú** and **Ud.**) **Ud.** commands look just like negative **tú** commands but without the final **-s**. **Ud.** commands are formed by using the **yo** stem of the present tense, dropping the **-o** or **-oy** and adding the "opposite" vowel (e for **-ar** verbs and a for **-er, -ir** verbs): **salgo** → **salg-**, add **-a** and it becomes **salga**; **camino** → **camin-**, add **-e** and it becomes **camine**.

> DOCTOR: **Tome** menos bebidas alcohólicas y **haga** ejercicio regularmente. **No se acueste** muy tarde.
> PACIENTE: Está bien, doctor.

There is no difference in form between affirmative and negative **Ud.** commands. Note, however, that pronouns are placed before negative **Ud.** commands, as is done with negative **tú** commands.

> venga   no venga
> levántese   no se levante

Uds. commands are formed similarly to **Ud.** commands with the addition of a final **-n** to indicate plurality.*

> PROFESOR: **Pongan** sus libros en el suelo. **No hablen** durante el examen. Si tienen preguntas, **vengan** aquí enfrente para hacérmelas a mí.

Irregular stems in negative **tú** commands are shared by **Ud.** and **Uds.** commands: **ir** → **vaya, vayan**; **ser** → **sea, sean**, and so on. You are not responsible for being able to use **Ud.** and **Uds.** command forms at this time, but it will be helpful if you can recognize them when they appear. See if you can identify the **Ud.** commands in the list of suggestions for ex-smokers on page 59.

> VOCABULARIO ÚTIL
> encendedores   *lighters*
> cerillas   *matches*
> ceniceros   *ashtrays*
> picar   *to snack*
> que le distraigan   *that might distract you*

---

*In Spain you will hear and see **vosotros/as** commands. Affirmative **vosotros/as** commands use the infinitive stem, changing the final **-r** to **-d**.

> padre: **Salid** a jugar. **Tratad** de no hacer mucho ruido.

Negative **vosotros/as** commands use the same stem as negative **tú** and **Ud./Uds.** commands with the addition of either **-áis** or **-éis**.

> padre: **No digáis** eso y **no me miréis** así...

10 principios para el ex fumador

1. No piense que tendrá que estar toda la vida sin fumar. Preocúpese tan sólo por el día presente.

2. Evite tentaciones. Mantenga encendedores, cerillas y ceniceros lejos de su presencia.

3. Evite estar con fumadores tanto como le sea posible.

4. Tenga siempre a punto algo para «picar» o masticar. Fruta fresca, frutos secos, chicle sin azúcar... hasta una zanahoria. Cualquier cosa menos cigarrillos.

5. Durante el día hay momentos peligrosos: los pequeños descansos del trabajo, cuando va a tomar algo... tenga mucho cuidado.

6. Contenga el deseo imperioso de fumar haciendo actividades que le distraigan.

7. Aprenda a relajarse sin cigarrillos. Repita las respiraciones relajantes que ya ha aprendido, cada vez que se sienta tenso.

8. Recuerde su lista de razones para no fumar.

9. Aparte el dinero que ahorra cada día. Vea cómo crece.

10. No ceda nunca. ¡Ni siquiera por un solo cigarrillo!

Nombre _____ Fecha _____ Clase _____

Vamos a ver: Los adictos al trabajo (page 49)

Anticipación

Paso 1. En un momento vas a escuchar a alguien hablar en la cinta de los llamados **adictos al trabajo.** Pero antes, piensa en alguien que tú crees que es adicto al trabajo. Puede ser un amigo, un pariente o puede ser un personaje de la televisión o el cine. ¿Cómo es esta persona? ¿Por qué crees que es adicta al trabajo?

Paso 2. A continuación hay vocabulario nuevo que te ayudará a entender mejor lo que vas a escuchar. Puedes deducir el significado de otras palabras nuevas que escuches, o te las puedes saltar.

metas	*goals*
políticas	*policies*
un deseo innato	*an innate desire*

Exploración

Paso 1. Escucha la cinta. Por el momento, concéntrate en las ideas generales.

Paso 2. Según lo que has oído y entendido, ¿son ciertas o falsas las siguientes oraciones?

	CIERTO	FALSO
1. Hay cuatro características que comparten todos los adictos al trabajo.	☐	☐
2. Trabajar largas horas es una buena indicación de una posible adicción al trabajo.	☐	☐

Paso 3. Escucha la cinta una vez más. Esta vez, anota las características de los adictos al trabajo. Trata de incluir todos los detalles posibles.

Características que comparten los adictos al trabajo
Primera
Segunda
Tercera
Cuarta

Síntesis

Completa el siguiente párrafo con todos los datos posibles obtenidos en **Exploración**. No es necesario que repitas la información en el orden en que la oíste.

Los adictos al trabajo siempre comparten cuatro características. Una es que _____

_____.[1] Estas personas _____

_____.[2] Otra característica es su _____

_____.³ Cuando _____

_____.⁴ La tercera característica que

comparten es una _____.⁵ Si _____

_____.⁶ entonces _____

_____.⁷ Finalmente, los adictos al trabajo

_____.⁸

UNIDAD CINCO

SOMOS LO QUE SOMOS

LECCIÓN 14

¿CON QUÉ ANIMAL TE IDENTIFICAS?

In this lesson, you'll review and continue to practice what you have learned in class. In addition, you will

- learn more ways to understand a person's personality
- learn more about the present perfect tense in Spanish

IDEAS PARA EXPLORAR
EL HORÓSCOPO CHINO (I)

PARA EXPRESARSE ¿CÓMO ERES? —SOY INQUIETO

Describing Personalities

Rata

Son rata los nacidos en

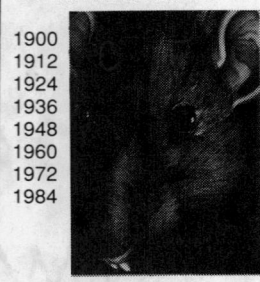

1900
1912
1924
1936
1948
1960
1972
1984

La rata conjuga el encanto y la agresión. Bajo una aparente calma se esconde una gran inquietud, ansiedad y nerviosismo. Ante todo es un ser optimista. Muy imaginativo, vital y creador. Viva a tope[a] el presente y sueña con una vejez segura. Gusta de aconsejar, aunque a veces convierte esta actitud en defecto y cae en la crítica. Más intelectual que sensual, pero muy sentimental. Prefiere vivir de su ingenio que de su trabajo y a ser posible del esfuerzo de los demás antes que del suyo. Si además es Escorpión, la rata es maligna y destruye todo lo que le sale al paso. Si es Tauro, rata encantadora y si es Géminis, escapará a todas las trampas.[b]

La rata
inquieta (*restless*)
imaginativa
creadora
optimista

Prefiere vivir de su ingenio (*ingenuity*) que de su trabajo.

[a] *a... to the maximum*
[b] *traps*

Buey

Son buey los nacidos en

1901
1913
1925
1937
1949
1961
1973
1985

Tranquilo, paciente, desconfiado, preciso, metódico y equilibrado, el buey esconde su inteligencia tras una máscara de sencillez. Inspira confianza. Observador e introvertido es, a veces, presa de la cólera. Mejor no enemistarse con él, podría ser peligroso. Va por la vida de jefe autoritario y radical; no tolerará rock duro ni moda punk en su familia...

El buey
desconfiado
    (*untrusting*)
paciente
metódico
equilibrado

No tolera rock duro ni moda punk en su familia.

Otras expresiones*

esconder	to hide
la vejez	old age
aconsejar	to advise, give counsel
la confianza	trust
el mando	control, order
a no ser que	unless

---

* The words given in **Otras expresiones** here and in the next two **Para expresarse** sections will help you understand the Chinese horoscopes.

64   Unidad cinco   Somos lo que somos

Tigre

Son tigre los nacidos en

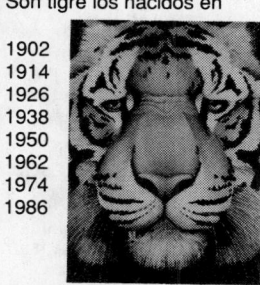

1902
1914
1926
1938
1950
1962
1974
1986

Rebelde, siempre en contra de lo establecido. Autoritario, violento y colérico; pero de un gran magnetismo, es irresistible. Siempre en el mando, sería un buen gangster, explorador, paracaidista, acróbata o torero, pues ama el riesgo. El dinero no le importa, lo suyo es la acción. Sensitivo y emocional, ama intensamente; pero sus amoríos no son felices.

El tigre
rebelde
autoritario
violento
irresistible

El dinero no le importa, lo suyo (lo que le interesa) es la acción.

Conejo

Son conejo los nacidos en

1903
1915
1927
1939
1951
1963
1975
1987

Simbolizado por un gato en el horóscopo vietnamita y un conejo para los japoneses, ambos son símbolo de gente feliz y dichosa. Agradable, simpático, discreto, refinado, reservado, no muy ambicioso... son la compañía ideal, si no fuera por su superficialidad. Adora la vida en sociedad, son hombres y mujeres de mundo que brillan[a] en las reuniones. Egoísta, los problemas del mundo le dejan impasible... a no ser que le afecten personalmente. Calmado, plácido y pacífico necesita, sobre todo, comodidad y confort.

El conejo
calmado
superficial
discreto
no muy ambicioso

Los problemas del mundo le dejan impasible.

[a]*shine*

*Actividad A Antónimos   Usando la información presentada en **Para expresarse,** selecciona el antónimo de la palabra indicada.

1. optimista
   a. ambicioso   (b.) pesimista   c. rebelde
2. superficial
   (a.) profundo   b. inquieto   c. nervioso
3. metódico
   a. lógico   b. organizado   (c.) caótico
4. calmado
   a. pacífico   (b.) violento   c. irresistible
5. creador
   a. imaginativo   b. impasible   (c.) destructor

Actividad B Asociaciones

Paso 1.   Empareja cada característica con lo que generalmente se asocia.

A

1. _C_ autoritario
2. _B_ discreto
3. _D_ desconfiado
4. _E_ equilibrado
5. _A_ inquieto

B

a. moverse (*move*) constantemente
b. guardar secretos
c. tomar el mando
d. no creer en nadie
e. evitar las reacciones extremas

Lección 14   ¿Con qué animal te identificas?   65

Paso 2. Ahora lee las siguientes oraciones para verificar tus respuestas.

1. Una persona autoritaria siempre trata de tomar el mando en una situación.
2. Una persona discreta nunca revela secretos; los guarda muy bien.
3. Una persona desconfiada no cree en nadie.
4. Una persona equilibrada evita las reacciones extremas.
5. Una persona inquieta se mueve constantemente.

Actividad C ¿Cierto o falso? Vas a escuchar una serie de definiciones sobre las características de algunas personas. Di si cada una es cierta o falsa.

MODELO: (oyes): Si una persona tiene ideas creativas, se dice que es una persona imaginativa. ¿Cierto o falso?
(dices): Cierto.
(oyes): Es cierto. Si una persona tiene ideas creativas, se dice que es una persona imaginativa.

1... 2... 3... 4... 5... 6... 7... 8...
F C C F F C F F

Actividad D ¿Tienes buena memoria? Vas a escuchar diez preguntas sobre las características que se asocian con los animales en el horóscopo chino. Primero, estudia las descripciones en **Para expresarse** y luego intenta responder de memoria.

MODELO: (oyes): ¿Es violento o ambicioso el tigre?
(dices): Violento.
(oyes): El tigre es violento.

1... *creadora* 2... *celosa* 3... *violento* 4... *alerta* 5... *leal*
6... *sabio* 7... *discreto* 8... *popular* 9... *insegura* 10... *astuto*

Actividad E ¿Y quién lo es? Vas a escuchar una serie de afirmaciones. En cada afirmación, dos características son verdaderas y una es falsa. Basándote en la información de **Para expresarse**, responde a cada afirmación siguiendo el modelo.

MODELO: (oyes): La rata es imaginativa, optimista y simpática.
(dices, oyes): La rata es imaginativa y optimista, pero no es simpática. El conejo es simpático.

1... *el tigre no creadora* 2... *el conejo no rebelde* 3... *la rata no explosivo* 4... *la serpiente no es chismoso* 5... *el caballo no es violento* 6... *el dragón no es imaginativo*

❖ **Para entregar** Equipos (*Teams*) efectivos En una hoja aparte, decide si las parejas de animales podrían (*could*) formar un equipo efectivo en cada situación. Explica por qué. Toma en cuenta que puede ser beneficioso que tengan características diferentes, pero también quieres evitar conflictos.

RESPUESTAS POSIBLES:

a. «Indudablemente que sí. Los dos son _____. También _____.»
b. «Posiblemente, porque _____. Pero también pueden tener problemas porque _____.»
c. «En absoluto.* Uno es _____ y _____. En cambio el otro es _____.»

A. Eres el jefe o la jefa de una compañía que vende autos. Quieres abrir una nueva sucursal (*branch*) y necesitas nombrar dos supervisores.

MODELO: el buey y el tigre → Posiblemente, porque el buey es metódico y paciente, y el tigre es irresistible, pero también pueden tener problemas porque el buey es desconfiado y el tigre es rebelde y violento.

1. el conejo y el tigre   2. la rata y el buey

---

*En absoluto es equivalente a *"Not at all"* en inglés.

B. Eres el director o la directora de las residencias estudiantiles. Es tu responsabilidad decidir quiénes deben ser compañeros/as de cuarto.

1. la rata y el conejo
2. la rata y el tigre

C. Necesitas contratar dos profesores para compartir la enseñanza de un curso intensivo.

1. el buey y el conejo
2. el tigre y el buey

Para entregar Situaciones Vas a escuchar una serie de situaciones. Indica qué animal del horóscopo chino se describe en cada caso y en una hoja aparte escribe una o dos oraciones apoyando (*supporting*) tu respuesta.

MODELO: Esta situación se aplica al / a la ____ porque ____.

1... 2... 3... 4...

IDEAS PARA EXPLORAR
EL HORÓSCOPO CHINO (II)

PARA EXPRESARSE ¿CÓMO ES LA SERPIENTE?

More on Describing Personalities

Dragón
Son dragón los nacidos en

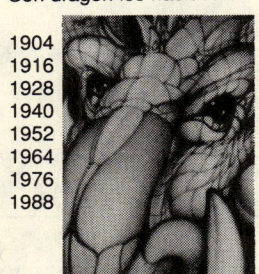

1904
1916
1928
1940
1952
1964
1976
1988

Explosivo, vital e incapaz de hipocresías. Es un idealista, un perfeccionista. Pide mucho, pero da mucho. Puede llegar a ser irritable y cabezón. Altivo, impetuoso, detallista e inteligente puede realizar cualquier actividad, lo que haga lo hará bien. Es siempre amado, pero raramente ama. Suele ser la causa de dramas amorosos. La mujer dragón desencadena[a] las pasiones.

[a]*unleashes*

El dragón
idealista
explosivo
perfeccionista
cabezón (obstinado)

Pide mucho, pero da mucho.

Serpiente
Son serpiente los nacidos en

1905
1917
1929
1941
1953
1965
1977
1989

Sabia, bella y peligrosa. Es una persona filosófica, intelectual y cerebral que no malgasta su tiempo en charlas frívolas. Confía sobre todo en su sexto sentido, por lo que toma rápidamente decisiones. Nada puede detener a una serpiente en acción. A pesar de que no tendrá nunca problemas de dinero, detesta prestárselo a los demás. En el amor será celosa y posesiva. Hombres y mujeres serpiente son propensos a aventuras extra-matrimoniales.

La serpiente
sabia (*wise*)
cerebral
celosa (*jealous*)
posesiva

Confía en su sexto sentido por lo que toma rápidamente decisiones.

Lección 14 ¿Con qué animal te identificas?

Otras expresiones

realizar	to achieve	la sangre	blood
amar	to love	si no fuera por	if it weren't for
confiar	to trust	conseguiría	he/she would get, obtain
detener (*irreg.*)	to stop, detain		

Caballo

Son caballo los nacidos en

1906
1918
1930
1942
1954
1966
1978
1990

Todo un ejemplo de sex-appeal. Su sitio está en el centro de las multitudes: conciertos, teatros, reuniones, deportes, fiestas, conferencias... Es simpático, divertido, chismoso y siempre popular. Es más astuto que inteligente... y lo sabe. Tiene la sangre caliente y es impaciente. Sus cambios de humor son inevitables y un poco pueriles. Todo el que haya sufrido[a] alguna vez uno de sus ataques de ira, no le olvidará fácilmente. Abandona pronto el círculo familiar para vivir su vida. Si no fuera por sus cambios bruscos de carácter conseguiría todo en el amor, profesión o negocios. En el amor es un caballo enfurecido.

[a]Todo... *Anyone who has suffered*

El caballo
divertido (*fun-loving*)
chismoso (*gossipy*)
impaciente
popular

Tiene la sangre caliente y sus cambios de humor son inevitables.

Cabra

Son cabra los nacidos en

1907
1919
1931
1943
1955
1967
1979
1991

Signo esencialmente femenino. Elegante, encantador, artista y amante de la naturaleza. Sería delicioso si no fuera por su pesimismo y vacilación continua. La cabra no será nunca feliz con su suerte, cosa que llega a desesperar a los que la rodean, al igual que sus caprichos, falta de control y su poco sentido del tiempo. Por lo demás es adaptable a tope, no necesita más que unos mínimos para sobrevivir. Tímida e insegura, adora ser guiada, porque nunca sabe qué camino tomar. Su responsabilidad es nula, nada de lo que sale mal es culpa suya.

La cabra
encantadora (*charming*)
adaptable
insegura
indecisa

Adora ser guiada porque nunca sabe qué camino tomar.

***Actividad A** Definiciones Estudia el vocabulario nuevo de **Para expresarse**. Luego indica si la definición dada (*given*) es correcta o no.

	SÍ	NO
1. **cabezón, cabezona** Se usa para referirse a una persona obstinada.	☒	☐
2. **sabio/a** Se dice de la persona que no comprende la naturaleza humana.	☐	☒
3. **celoso/a** Se usa este adjetivo para describir a quien no le gusta ver a su pareja (*mate, partner*) interesada en otra persona.	☒	☐
4. **divertido/a** Se usa este adjetivo para describir a una persona letárgica que no sabe disfrutar de (*enjoy*) la vida.	☐	☒
5. **chismoso/a** Se dice de la persona a quien le gusta hablar de otras personas.	☒	☐
6. **encantador(a)** Se utiliza para referirse a la persona que siempre les cae bien (causa muy buena impresión) a los demás.	☒	☐

Unidad cinco Somos lo que somos

Actividad B Otras asociaciones   Empareja cada característica con lo que generalmente se asocia.

1. _E_ indeciso
2. _D_ impaciente
3. _C_ cerebral
4. _B_ perfeccionista
5. _A_ explosivo

a. enfadarse fácilmente
b. escrudiñar (*scrutinize*) los detalles
c. analizar y luego actuar
d. no saber esperar
e. tener dificultad en tomar decisiones

Actividad C ¿Cierto o falso?   Vas a escuchar una serie de descripciones sobre las características de las personas. Di si es cierta o falsa cada una.

MODELO: (oyes):   Si una persona cambia mucho de opinión, se dice que es una persona indecisa. ¿Cierto o falso?
(dices):   Cierto.
(oyes):   Es cierto. Una persona que cambia mucho de opinión es indecisa.

1... 2... 3... 4... 5... 6... 7... 8...
 C   F   C   C   F   C   F   F

Actividad D ¿Tienes buena memoria?   Vas a escuchar diez preguntas sobre las características que se asocian con los animales en el horóscopo chino. Primero, estudia las descripciones en **Para expresarse** y luego intenta responder de memoria.

MODELO: (oyes):   ¿Cuál es impaciente, el caballo o el dragón?
(dices):   El caballo.
(oyes):   El caballo es impaciente.

1... cabra 2... cerdo 3... rata 4... caballo 5... conejo
6... dragón 7... tigre 8... buey 9... serpiente 10... perro

Actividad E ¿Por qué?

Paso 1.   Contesta usando el modelo.

MODELO: ¿Por qué necesita mucha dirección la cabra? →
La cabra necesita mucha dirección porque es insegura.

¿Por qué...

1. no debes contarle un secreto al caballo?
   El caballo es chismoso.

2. es difícil ser novio de la serpiente?
   Sí, la serpiente tiene adventuras extra-matrimoniales.

3. es difícil complacer (*please*) al dragón?
   Sí, porque el dragón es una perfeccionista.

4. tiene dificultades en supervisar a los demás la cabra?
   No, porque la cabra es indecisa.

5. puede interpretar las acciones de los demás la serpiente?
   No, porque la serpiente toma rapidamente decisiones.

6. debes evitar hablarle al dragón si está bajo mucho estrés?

No, porque al dragón es explosivo.

7. siempre lo pasa bien en Disneylandia el caballo?

Sí, porque el caballo es divertido.

Paso 2. Ahora escucha la cinta para verificar tus respuestas.

❖ **Para entregar** En cada situación... Decide si el animal indicado tendría (*would have*) dificultades o no en cada situación. En una hoja aparte explica por qué.

LA CABRA

1. Tiene que ir a una fiesta de cumpleaños este sábado y va a una tienda para comprar un regalo para la persona de honor.
2. En la fiesta hay mucha gente que no conoce, gente de todo tipo.

EL CABALLO

3. Quiere amueblar (*furnish*) su nuevo apartamento. En la mueblería (*furniture store*) le dicen que tendrá (*will have*) que esperar tres semanas para la entrega (*delivery*) de sus muebles.
4. Quieren organizar un equipo de boliche en su compañía. Le preguntaron si tenía ganas (*felt like*) de participar. Dijo que sí.

LA SERPIENTE

5. Quieren nombrar a la serpiente como candidata para el Tribunal Supremo de Justicia de los Estados Unidos.
6. En una cena, tiene que sentarse entre varias personas superficiales y frívolas.

EL DRAGÓN

7. Los demás han revisado (*have reviewed*) los planos (*diagrams*) que hizo para construir un edificio. Quieren hacer muchos cambios y se lo van a decir esta noche.
8. Piensa cambiar de profesión y hacerse abogado (*become a lawyer*). Quiere trabajar con los que tienen recursos económicos limitados.

UN VISTAZO ¿Cómo es tu verdadera personalidad?

Se dice que también se puede saber algo de la personalidad de una persona a través de (*by way of*) su escritura. Los ejemplos en la página 71 son de un artículo llamado «Dime cómo escribes y te diré (*I'll tell you*) quién eres.»

> El lunes es el peor día de la semana ya que te levantas con resaca del fin de semana y no tienes ganas de hacer nada, en cambio el viernes es el mejor día ya que empieza el fin de semana y empieza la vida el tiempo de diversión y la alegría

Falta de pretensiones. Los rasgos revelan una personalidad falta de ambiciones elevadas y con pretensiones de originalidad.

El equilibrio, reflejado en la letra. El sujeto que ha trazado esta escritura intenta ser una persona justa e imparcial.

> Solamente me quedó un recuerdo de él, pero un recuerdo muy agradable. Desde que nos dejamos de ver no he podido alejar de mi memoria su sonrisa, esa sonrisa clara y franca que me hizo enamorarme de él.

> El amor es sufrido, benigno no tiene envidia, no es jactancioso, no se envanece, no busca lo suyo, no se irrita, no guarda rencor, no goza de la injusticia, mas bien goza de la verdad, todo lo sufre, lo cree, lo espera lo soporta

Temperamento inestable. El autor de estas líneas parece oscilar constantemente entre la fantasía y la realidad.

Lección 14 ¿Con qué animal te identificas? 71

IDEAS PARA EXPLORAR
EL HORÓSCOPO CHINO (III)

PARA EXPRESARSE Y EL GALLO, ¿CÓMO ES? —MUY ARROGANTE

More on Describing Personalities

Mono

Son monos los nacidos en

1908
1920
1932
1944
1956
1968
1980
1992

De los doce signos del horóscopo, este es el que produce la gente más extraordinaria. El mono es malicioso y ama la diversión. Muy sociable, es astuto, egoísta e interesante. Juguetón y detallista, cuando quiere puede destruir a cualquiera, porque se considera superior a todos. Es vanidoso y con una amplia sed de conocimientos. Su fantástica memoria le libra de su confusa mente. Inventa y resuelve a toda velocidad, y además con originalidad. Independiente y egoísta, es poco escrupuloso, no vacila en mentir cuando le interesa… pero resulta encantador. Cae fácilmente en el amor, pero no es constante.

El mono
malicioso
astuto
egoísta
poco escrupuloso

Es vanidoso y con una amplia sed (*thirst*) de conocimientos.

Gallo

Son gallo los nacidos en

1909
1921
1933
1945
1957
1969
1981
1993

Todo un espectáculo de soñador arrogante al que le gusta ser adulado. Le importan un comino los sentimientos ajenos. Su excentricidad es, en el fondo, conservadurismo tanto en política como en costumbres. Lo peor de él es que siempre cree tener razón. Lo suyo son los castillos[a] en el aire. Es un campañero estimulante, a pesar de su fanfarronería.[b] Puede ser desde bombero hasta relaciones públicas porque posee un gran coraje. Lo que le salva es que es realmente sincero con sus sueños…

[a] *castles* [b] *boasting*

El gallo
soñador (*dreamer*)
conservador
estimulante
arrogante

Lo peor de él es que siempre cree tener razón.

Otras expresiones

juguetón	playful	ajeno/a	of another
librar	to free	lo peor	the worst thing
la mente	mind	la honradez	honesty
resolver (ue)	to resolve	una pizca	a pinch
mentir (ie, i)	to lie	torpe	clumsy
le importa(n) un comino	it doesn't make (they don't make) a bit of difference to him (her)		

72 Unidad cinco Somos lo que somos

Perro

Son perro los nacidos en

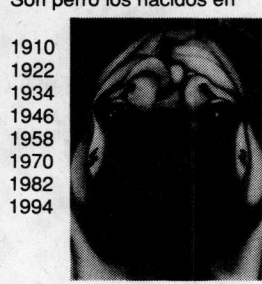

1910
1922
1934
1946
1958
1970
1982
1994

Siempre preocupado, alerta, en guardia, mirando... Introvertido, no se sincera a no ser que sea absolutamente necesario. Sus observaciones y comentarios pueden llegar a ser mordaces. En realidad es el mayor pesimista del mundo. Le sublevan las injusticias y en él se conjugan los rasgos más nobles: leal, justo y respetuoso. Discreto es la persona ideal para guardar un secreto. Sufre por lo que ha sucedido, está sucediendo y sucederá. Ningún signo reúne tanta honradez, rectitud y pasión, con una pizca de ambición personal.

El perro
pesimista
alerto
leal (*loyal*)
respetuoso

Es la persona ideal para guardar un secreto.

Cerdo

Son cerdos los nacidos en

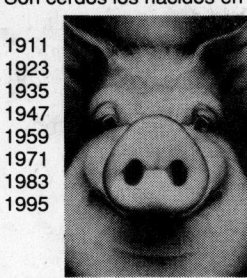

1911
1923
1935
1947
1959
1971
1983
1995

Galante, servicial y escrupuloso, el cerdo es un cúmulo de corrección e integridad. Pon tu confianza en él, no te defraudará nunca. Es un ingenuo, inocente, confidente e indefenso. Y tan increíblemente sincero que, a veces, arremete contra sí mismo. Un poco torpe en asuntos de dinero, suele tener problemas financieros. Lo suyo no son los negocios (demasiado íntegro para los chanchullos[a]). Lo curioso en él es que, a pesar de creer a pies juntillas[b] todo lo que le dicen, siempre necesita probar lo que él opina. Gran lector, pero de cosas superficiales.

El cerdo
ingenuo (inocente, sincero)
confidente
indefenso
sincero

Pon tu confianza en él, no te defraudará nunca.

[a]*crooked deals, swindles* [b]*a... firmly, steadfastly*

*Actividad A Oraciones incompletas Haz oraciones usando una frase de cada columna.

A

1. _F_ Un soñador siempre...
2. _C_ Una persona maliciosa...
3. _D_ Una persona egoísta...
4. _B_ Una persona conservadora...
5. _E_ Un amigo leal...
6. _A_ Una persona ingenua...

B

a. es fácil de engañar (*trick*).
b. no acepta cambios fácilmente.
c. no hace nada bueno.
d. se cree superior a los demás.
e. te da apoyo (*support*).
f. tiene grandes planes.

*Actividad B Descripciones

Paso 1. Estudia las descripciones en **Para expresarse**.

Paso 2. Da el nombre del animal descrito.

1. Es un animal sociable, astuto e interesante. Es muy inteligente y tiene una memoria fantástica, pero no es un buen amigo porque miente con facilidad, es malicioso y poco escrupuloso. _el mono_ representa el signo bajo el que nace la gente más extraordinaria.

2. Este animal sería (*would be*) buen confidente y amigo porque puedes confiar completamente en él. Es muy sincero y escrupuloso, además de galante. Al mismo tiempo, sería un error dejar que _el cerdo_ manejara (*let him manage*) tu dinero; es honesto pero torpe en asuntos financieros.

3. Noble y leal, este animal guardará tus secretos fielmente. Es honrado y discreto, pero no mira el lado bueno de las cosas porque _el perro_ es el mayor pesimista del mundo.

4. Si quieres hablar del futuro, habla con este animal estimulante. Tiene sueños magníficos y realmente cree que pueden ser realizados. El único problema es que tu opinión no le importa, porque _el gallo_ es bastante arrogante y siempre cree que lo sabe todo.

Actividad C ¿Y quién lo es? Vas a escuchar una serie de afirmaciones. En cada caso, dos de las características que se dan son verdaderas y una es falsa. Basándote en la información de **Para expresarse**, responde a cada afirmación siguiendo el modelo.

MODELO: (oyes): La rata es imaginativa, optimista y simpática.
(dices, oyes): La rata es imaginativa y optimista, pero no es simpática. El conejo es simpático.

1... *la rata es creadora* 2... *el dragón es explosivo* 3... *el mono es astuto* 4... *el cerdo es sincero* 5... *el caballo es acalorado* 6... *el tigre es violento*

❖ **Para entregar** ¿Qué tienen en común? Estas parejas de animales tienen características semejantes. En una hoja aparte, indica cuáles son las características semejantes que tiene cada pareja.

MODELO: buey/perro → El buey y el perro se parecen porque los dos son introvertidos.

1. conejo/perro 2. dragón/gallo 3. perro/cabra 4. rata/serpiente 5. mono/conejo

❖ **Para entregar** ¿Cuáles son tus características?

Paso 1. Escoge una característica que tienes en común con cada uno de los animales de la lista. En una hoja aparte, escribe el nombre del animal y la característica bajo el nombre.

la rata	el buey	el tigre	el conejo
el dragón	la serpiente	el caballo	la cabra
el mono	el gallo	el perro	el cerdo

Paso 2. Pon las características en dos listas: las características positivas y las características negativas.

Paso 3. Usando la información que tienes en los **Pasos 1–2**, escribe un párrafo que describa tu personalidad. Explica en qué te pareces a los diferentes animales y cuáles son tus características positivas y negativas.

MODELO: Soy como el/la _____ y el/la _____ porque soy _____ y _____.
Éstas son características positivas/negativas de mi personalidad.

UN VISTAZO   Huellas delatoras (*Informing fingerprints*)

Hay muchas maneras en que puedes «comprobar» la verdadera personalidad de alguien. Aquí hay otra. Saca tus propias (*your own*) huellas y las de otra persona que conoces muy bien y compáralos con los ejemplos que se ofrecen aquí. ¿Es efectiva esta manera?

Las huellas delatoras

1. LAZO
2. LAZO COMPUESTO
3. ESPIRA
4. ARCO
5. ARCO DE TIENDA
6. OJO DE PAVO REAL

Sir Francis Galton (derecha) fue el fundador de la dermatoglifia, método que permite definir el esquema mental y fisiológico del individuo a través de sus huellas dactilares. 1: Denota gran elasticidad mental. 2: Propia de individuos prácticos pero resentidos. 3: Seres individualistas y reservados. 4: Elementos emocionales represivos, aunque es propia de personas suspicaces. 5: Individuos idealistas, impulsivos y nerviosos.

Nota: El artículo se publicó con un error. Aparecieron seis dibujos pero solamente cinco interpretaciones.

IDEAS PARA EXPLORAR
LA EXPRESIÓN DE LA PERSONALIDAD

PARA EXPRESARSE ¿HAS MENTIDO ALGUNA VEZ?

The Present Perfect Tense

You have seen that Spanish has a tense called **el pretérito perfecto** that is very similar to English's present perfect tense in both form and function: ¿**Han regresado?** = *Have they returned?* The **pretérito perfecto** is a compound verb form that uses the auxiliary verb **haber** and a past participle, which ends in **-ado** for **-ar** verbs and **-ido** for **-er** and **-ir** verbs. Note that **haber** is inflected for person and number and that the past participle never changes.

---

* Some speakers of Spanish call this tense the **presente perfecto** but the traditional name is the one used here.

Yo le **he mentido** algunas veces a mi profesor. ¿Y tú? ¿Le **has mentido** alguna vez a un profesor?
—Vamos, hombre, todos **hemos mentido** alguna vez en la vida, ¿no?

The forms for **haber** are listed below.

He dormido mucho.   **Hemos** dormido mucho.
Has dormido mucho. **Habéis** dormido mucho.
Ha dormido mucho.   **Han** dormido mucho.

In this first set of activities you'll work with regular verbs only. Note that stem changes and other irregularities of the regular present tense don't appear in the past participle. You also will see that **-er** and **-ir** verbs whose stems end in vowels have an accent mark on the **-i-** of the **-ido** ending.

¿Has leído *Don Quijote de la Mancha*?

---

*Actividad A ¡Han alquilado una casa!

Paso 1. Look at the list of activities that two people might have done recently. (The checkoff boxes are for **Paso 2**.)

		SÍ	NO
1.	Han alquilado (*rented*) una nueva casa.	☒	☐
2.	Han pintado la casa.	☐	☒
3.	Han comprado muebles (*furniture*) nuevos.	☐	☒
4.	Se han dividido los trabajos domésticos.	☒	☐
5.	Han decidido que uno va a lavar toda la ropa.	☐	☒
6.	Han decidido que van a limpiar sus propios cuartos.	☒	☐
7.	Han decidido ir al supermercado juntos.	☐	☒
8.	Han establecido reglas para el uso de la televisión.	☐	☒
9.	Han querido cocinar sus propias comidas.	☐	☒
10.	Se han dividido las cuentas.	☒	☐
11.	Han buscado una mascota (*pet*).	☐	☒
12.	Han pensado que va a ser divertido vivir juntos.	☒	☐

Paso 2. Now listen to one of the people talk about what she and the other person have done. Take notes if you need to. After listening, go back to the list of activities in **Paso 1** and check **sí** or **no**, depending on whether the people described in the listening passage have done them.

Paso 3. Considering what you heard in **Paso 2** and how you checked the items in **Paso 1**, with which of the following statements do you agree?

		SÍ	NO
1.	Las dos personas son compañeras de cuarto.	☒	☐
2.	Las dos personas tienen relaciones amorosas pero no están casadas.	☐	☒
3.	Las dos personas están casadas.	☐	☒

Actividad B Tu personalidad   As you know from your textbook, by examining what you have done you can discover aspects of your personality.

Paso 1. Read the questions that follow and see if you can determine what the questions are attempting to uncover about your personality.

1. ¿**Has estudiado** toda la tarde y toda la noche para un examen que tenías a la mañana siguiente?
2. ¿**Has tenido** que escribir una composición para una clase una hora antes de que la clase comenzara, porque se te olvidó escribirla anteriormente?
3. ¿**Has llegado** tarde a una fiesta porque no compraste antes el regalo que tenías que llevar?

4. ¿**Has comprado** un regalo de Navidad el 24 de diciembre?
5. ¿**Has limpiado** tu casa minutos antes de la llegada (*arrival*) de una visita?

In a moment you will find out what the questions are getting at, but first complete **Paso 2**.

Paso 2. Answer the preceding questions truthfully. You may use the following grid to help keep track of your answers.

	SÍ, VARIAS VECES	SÍ, UNA VEZ	NO, NUNCA
1.	☐	☒	☐
2.	☐	☐	☒
3.	☐	☒	☐
4.	☐	☐	☒
5.	☐	☐	☒

Paso 3. If you guessed that the questions are about a predisposition to doing things at the last minute, you were correct. Score 2 points for each **sí, varias veces**, 1 point for each **sí, una vez**, and 0 points for each **no, nunca**. If your score is greater than 5, you tend to do things at the last minute.

Irregular Past Participles

Some common irregular past participles in Spanish follow. Using the context of each sentence, see if you can deduce the verb from which each participle is derived. Some may be familiar to you already.

1. ¿**Has escrito** la composición para la clase de inglés? ~~escribir~~ *escribir*
2. ¡Mira lo que **ha hecho** el bebé! *hacer*
3. ¿Por qué te enojas? No **he dicho** nada. *decir*
4. ¡Pobre Amelia! **Ha muerto** su marido a causa de un infarto. *morir*
5. No **hemos visto** a Manuel. ¿Sabes dónde está? ~~~~ *ver*
6. Mis padres todavía no **han vuelto** de su viaje a la Argentina. *volver*
7. Te **has puesto** muy triste. ¿Por qué? ~~~~ *poner*

You may check your guesses here:

1. escribir; 2. hacer; 3. decir; 4. morir; 5. ver; 6. volver; 7. poner.

Additional irregular past participles include **abierto** (**abrir**), **descubierto** (**descubrir**), and **resuelto** (**resolver**).

*Actividad C *Datos interesantes* Check your knowledge of current events (politics, Hollywood, and other topics) by selecting an answer for each question.

1. De las personas a continuación, ¿quién no **ha muerto*** todavía?

   a. Henry Fonda (b.) Rock Hudson   c. Paul Newman

2. Todas las personas a continuación **han hecho** un vídeo musical menos una. ¿Quién no ha hecho un vídeo?

   (a.) Madonna   b. Ethel Merman   c. Bette Midler

---

* *Aviso:* La fecha de publicación de esta pregunta es el 5 de marzo de 1992.

Lección 14 ¿Con qué animal te identificas? **77**

3. ¿Quién **ha sido** gobernador de un estado antes de ocupar un puesto en el gobierno federal?

   (a.) Jimmy Carter   b. Ted Kennedy   c. George Bush

4. Todas las personas a continuación **han aparecido** en varias películas. ¿Quién no ha aparecido en una comedia?

   (a.) Chuck Norris   b. Arnold Schwarzenegger   c. Sylvester Stallone

5. De las personas a continuación, ¿quién no **ha construido** una biblioteca que lleve su nombre?

   a. Ronald Reagan   (b.) George McGovern   c. Richard Nixon

---

¿Quién ha ganado dos veces el premio Nóbel?

Remitida por Miguel Mejía

La única persona que ha ganado dos veces el premio Nóbel en Ciencias es Marie Curie. El primero fue obtenido en 1903 por sus estudios en radiaciones radiactivas. En 1911 se repitió y el galardón le fue otorgado por su descubrimiento de dos nuevos elementos químicos.

---

*Actividad D ¿Quién lo dijo? Listen as the speaker makes a statement. Write it down and then determine what famous historical person or literary character might have made that statement. You may check your answers and spelling in the Answer Key.

MODELO: (you hear): No he descubierto la fuente de la juventud. Voy a volver a Puerto Rico.
(you write down): No he descubierto la fuente de la juventud. Voy a volver a Puerto Rico.   Ponce de León.

Cita (*Quote*)	Persona que lo dijo
1. He visto un fantasma. Tenía la forma mi padre.	Hamlet
2. No he llegado a la India, pero he descubierto el nuevo mundo.	Cristóbal Colón
3. He visto la tierra desde el espacio. Fui el primer hombre que caminó en la luna.	Neil Armstrong
4. He escrito la Declaración de la Independencia de los Estados Unidos.	Thomas Jefferson
5. He tratado de resolver los conflictos en Centroamérica. Gané el premio nóbel por mi plan de paz.	Óscar Arias

78   Unidad cinco   Somos lo que somos

UN VISTAZO Una investigación

Lee rápidamente el siguiente artículo breve. Luego haz la actividad que sigue a continuación.

VOCABULARIO ÚTIL
- atraviesa — (*You should be able to guess this.*)
- la canción — song
- el escribano — a species of wading bird

*Actividad optativa ¿Qué dice el artículo?

Paso 1. Elige la respuesta mejor para cada pregunta.

1. ¿Qué han investigado los científicos de quienes habla el artículo?
   Han investigado...
   a. si los pájaros de la misma especie cantan igual.
   b. cómo se reproducen ciertos pájaros.
2. ¿Qué han encontrado los científicos?
   Han encontrado que...
   a. ciertos pájaros no pueden cantar.
   b. existen pájaros que cantan en dialectos diferentes.
3. ¿Dónde se ha hecho este tipo de investigación?
   Se ha hecho en...
   a. Europa.
   b. los Estados Unidos.

Paso 2. Ahora haz un círculo en todas las formas verbales del pretérito perfecto en el artículo. ¿Hay algunas formas irregulares? ¿De qué verbo se deriva cada participio?

Ha sido; han descubierto

PÁJAROS BILINGÜES

No es frecuente ponerse a pensar si los pájaros de una misma especie hablan siempre el mismo idioma. Sin embargo, justamente ese asunto ha sido el objeto de la investigación de dos ornitólogos alemanes. Después de cinco años de paciente estudio han descubierto que los pájaros escribanos cantan «zi-zi-ty-sieh» (secuencia conocida por los especialistas como dialecto («ty-sieh») en el territorio al norte de una línea que atraviesa en diagonal a las dos Alemanias y a Dinamarca; al sur de esa línea imaginaria, prefieren cantar «zi-zi-zi-ty» (el dialecto «zi-ty»). En cuanto a los que viven en las zonas fronterizas del territorio indicado, los ornitólogos afirman que son «bilingües».

❖ **Para entregar** Mi nota debería (*ought*) ser...   Do you know what your grade in Spanish class is at this point? In this **Para entregar** you are going to write to your instructor and wait for a response from him or her.

Paso 1. On a separate sheet of paper, copy the following items and complete them truthfully. You may need to look up some past work.

1. La nota más baja que he recibido en una prueba es ___B___.
2. He completado todas mis tareas y se las* he entregado al profesor (a la profesora) a tiempo.   sí ☒   no ☐
3. (No) He faltado a clase... ☒ mucho. ☐ poco. ☐ nunca.
4. He estado preparado/a para la clase... ☒ siempre. ☐ generalmente. ☐ nunca.
5. He participado en las discusiones de la clase... ☐ mucho. ☒ poco. ☐ nunca.
6. He demostrado buena actitud en clase... ☒ siempre. ☐ generalmente. ☐ nunca.
7. He decidido tomar más cursos de español. ☒ sí ☐ no

Paso 2. Now write a short paragraph to your instructor to indicate what you think your grade is in the class. Write the composition by stringing together logically the items in **Paso 1**. Conclude the composition by saying

   Por todas estas razones, creo que mi nota debería ser _____ en este momento.

---

* In **Lección 9** you were alerted to the fact that when le(s) is followed by a third-person direct-object pronoun (lo, la, los, las), it is converted to se (e.g., se lo, se la).

Para anotar

Spanish also has what is called a pluperfect tense. This tense is parallel to the present perfect in that it uses the auxilliary verb **haber** plus a past participle. The pluperfect relates only to past events.

Cuando Colón murió, **había hecho** cuatro viajes a América.

When Columbus died, he had completed four trips to the Americas.

The pluperfect is used to encode that an event in the past happened before another past event. In the preceding example, the making of four trips happened before dying. You may see this verb form as you read, but you need not learn to use it now in your own speech and writing.

Para anotar

To express the idea of having just done something, Spanish does not use the present perfect but rather an idiomatic phrase, **acabar de** + *infinitive*.

—Hola, Manolito, ¿qué hay?
—Nada. **Acabo de limpiar** mi apartamento y pienso ir de compras.
—¿Te acompaño? Yo **acabo de escribir** un trabajo y necesito descansar.

Hi, Manolito. What's up?
Nothing. I have just cleaned my apartment and am thinking about going shopping.
Can I go with you? I have just written a paper and need a break.

Can you guess what the following underlined phrases mean?

Unos científicos <u>acaban de publicar</u> los resultados de un estudio sobre los genes y la personalidad. La profesora <u>acaba de explicar</u> eso pero todavía no lo entiendo.

80   Unidad cinco   Somos lo que somos

LECCIÓN 15

¿EN QUÉ SE PARECEN LOS ANIMALES Y LOS SERES HUMANOS?

In this lesson, you'll review and continue to practice what you have learned in class. In addition, you will

- review the use of the verb **estar** to express location
- learn more about past participles
- hear a Spanish speaker talk about what animals do during the winter
- hear a Spanish speaker talk about the similarities between humans and chimpanzees

IDEAS PARA EXPLORAR
LAS RELACIONES ESPACIALES

PARA EXPRESARSE ¿DÓNDE QUEDA COLOMBIA?

Expressing Location

Colombia **está al norte** del Perú.
Colombia **queda al norte** del Perú.

***Actividad A** ¿Qué país?

Paso 1. Usando el mapa que se encuentra en **Para expresarse,** completa cada oración con el nombre de un país.

1. _el Uruguay_ queda al este de la Argentina.
2. _Colombia_ queda al oeste de Venezuela.
3. _el Ecuador_ y _Colombia_ quedan al norte del Perú.
4. _Chile_ queda al sur del Perú.

82   Unidad cinco   Somos lo que somos

Paso 2. Usando el Brasil como punto de referencia, da el nombre de un país que...

1. queda al sur. _La Argentina_   3. queda al norte. _Venezuela_
2. queda al oeste. _el Perú_

Paso 3. ¿Qué queda al este del Brasil? _El Océano Atlántico_

Actividad B ¿Qué estado? Muestra lo que sabes de los Estados Unidos contestando las preguntas que vas a escuchar. Puedes consultar un mapa antes de escuchar si quieres.

1... 2... 3... 4... 5... 6... 7...

Oregon, Kentucky, Missouri, Wisconsin, Montana, Wyo., Utah, Texas, New Mex.

PARA EXPRESARSE ¿DÓNDE ESTÁ LA BIBLIOTECA?

More on Prepositions to Express Spatial Relationships

al lado (de)	next (to)	cerca (de)	close (to)
enfrente (de)	in front (of)	lejos (de)	far (from)
detrás (de)	behind		

Note that the preposition **de** is used with these expressions when a point of reference is mentioned.

La biblioteca está **al lado de** la cafetería.

If the point of reference is already known and is therefore not mentioned, **de** is not used.

—¿Sabes dónde queda la cafetería?
—Sí...
—Pues, la biblioteca está **al lado**.

*Actividad C ¿Qué se describe? Escoge la mejor respuesta.

1. Al lado de este lugar hay un restaurante elegante. Detrás, hay un callejón (*alley*) por donde van y vienen los muchos empleados que trabajan aquí. Enfrente siempre hay estacionados (*parked*) taxis.
   Se describe...   a. un hospital.   (b.) un hotel.   c. un aeropuerto.

2. Enfrente de este edificio hay un pequeño estacionamiento exclusivamente para las personas que hacen visita. (Los empleados estacionan su auto al lado del edificio.) Detrás del edificio hay un gran espacio al aire libre donde se puede hacer deporte.
   Se describe...   (a.) una escuela primaria.   b. un gimnasio.   c. un supermercado.

3. Este objeto se puede encontrar en cualquier casa. Muchas personas ponen una mesa enfrente de este objeto. A veces, hay una mesa pequeña al lado. Detrás de este objeto hay casi siempre una pared (*wall*).
   El objeto que se describe es...   a. un televisor.   b. una cama.   (c.) un sofá.

*Actividad D Situaciones Escucha estas conversaciones y luego contesta las preguntas.

Situación 1

1. Esta conversación probablemente tiene lugar en...
   a. la estación de policía.   (b.) la recepción de un hotel.   c. el baño de una casa particular.

2. El hombre le sugiere a la mujer que tome un taxi porque _la calle que busca está un poco lejos._

Lección 15 ¿En qué se parecen los animales y los seres humanos?

Situación 2

1. Esta conversación probablemente tiene lugar en...
   a. un banco.   b. una oficina.   (c.) la calle.
2. El señor puede ir caminando hasta el lugar que busca porque _el banco que busca está cerca._

Actividad E ¿Sí o no?   Según tu experiencia, responde sí o no a cada afirmación.

	SÍ	NO
1. Se prohíbe estacionar el auto enfrente de una estación de bomberos (*firehouse*).	☒	☐
2. Los callejones se encuentran detrás de los edificios y no enfrente de ellos.	☐	☒
3. Las plantas nucleares suelen estar al lado de un río o muy cerca de un lago (*lake*).	☐	☒
4. Las plantas nucleares suelen estar lejos de los centros urbanos.	☐	☒
5. En los países que tienen costas marítimas, en verano suele hacer más calor cerca del océano que en el interior del país.	☒	☐

❖ **Para entregar** Según tu experiencia   Siguiendo las ideas de la actividad anterior, en una hoja aparte escribe una oración de tipo «sí/no» para cada una de las siguientes ideas. Utiliza las frases **al lado (de)**, **enfrente (de)**, etcétera, en tus oraciones.

1. otro lugar enfrente del cual no se puede estacionar
2. otras cosas que se pueden encontrar detrás de un edificio
3. otras cosas que suelen estar al lado de un río o de un lago
4. otros lugares que suelen estar lejos de los centros urbanos
5. tipos de negocios que se encuentran cerca de la costa de algunos lugares

Quedar vs. estar

Remember that **estar** can be used to talk about the location of a thing or person.

> Bogotá **está** en Colombia.
> El presidente y el vicepresidente **están** en Europa ahora.
> El departamento de español **está** en el tercer piso (*third floor*).
> ¿Dónde **está** el cuarto de baño, por favor?

Quedar may be used to talk only about the location of something permanent, such as a building or a city.

> ¿Sabe Ud. dónde **queda** el Teatro Municipal?

*__Actividad F__ La oficina de Roberto Rodríguez   Read each statement. Then select the most logical conclusion from the alternatives.

1. Para llegar a la oficina, Roberto Rodríguez tiene que manejar por una hora.
   (a.) La oficina está lejos de su casa.
   b. La oficina está cerca de su casa.
2. Cuando llega a la oficina, Roberto tiene que usar el ascensor (*elevator*).
   a. El lugar donde trabaja Roberto está en el primer piso (*first floor*).
   (b.) El lugar donde trabaja Roberto no está en el primer piso.

3. Roberto pasa por la oficina de su secretaria y la saluda antes de entrar en la suya.
   a. El escritorio (*desk*) de la secretaria y el escritorio de Roberto están en la misma sala (*room*).
   b. El escritorio de la secretaria y el escritorio de Roberto están en salas diferentes.
4. A la hora del almuerzo Roberto sale de la oficina y camina a un restaurante.
   a. El restaurante está lejos de la oficina.
   b. El restaurante está cerca de la oficina.
5. Por la tarde, Roberto hace una llamada a larga distancia para poder hablar con su jefe.
   a. La oficina del jefe está en la misma ciudad que la oficina de Roberto.
   b. La oficina del jefe no está en la misma ciudad donde trabaja Roberto.

❖ **Para entregar** ¿Dónde está?   On a separate sheet of paper use **estar** in complete sentences to tell your instructor where five of the following places are located.

   MODELOS: Mi restaurante favorito se llama Cornelia's. Está en Chicago.
            Mi restaurante favorito se llama Hunan. Está en la calle Mattis.

1. tu restaurante favorito
2. la casa de tu mejor amigo/a
3. el supermercado donde haces tus compras
4. la ciudad donde naciste
5. el lugar que prefieres para pasar las vacaciones
6. el lugar donde vives ahora
7. un bar o café donde sueles ver a los amigos
8. una buena librería

IDEAS PARA EXPLORAR
DE AQUÍ PARA ALLÁ

PARA EXPRESARSE   ¿CÓMO SE LLEGA AL CORREO?

Giving and Following Directions

Here are some useful expressions for giving and following directions in Spanish.

Siga (Ud.) por…	*Continue…, Follow…*
Siga derecho / Siga recto* …	*Continue (Go) straight…*
Doble a la derecha / a la izquierda.	*Turn right/left.*
Cruce la calle…	*Cross the street…*
una cuadra / una manzana*	*block*
la bocacalle	*intersection*
la esquina	*corner*

* **Recto** and **manzana** are dialectal variants used in some places, including Spain and Central America.

Lección 15   ¿En qué se parecen los animales y los seres humanos?

—Por favor, ¿dónde queda el parque zoológico?
—A ver... **Siga Ud. por** esta calle hasta que llegue a una **bocacalle** con semáforo (*traffic light*). Luego **doble a la izquierda** y **siga** todo **derecho** por siete cuadras. Allí en la **esquina** verá la entrada al parque zoológico. Pero está cerrado hoy...

If you were giving directions to a friend or if a friend were giving directions to you, the familiar form of the verbs would be used (**sigue, dobla,** and so on).

***Actividad A** En el viejo San Juan A continuación hay un plano de la zona antigua de San Juan llamada El viejo San Juan. En el plano están indicadas las rutas de tres turistas que están visitando la ciudad. Estudia las rutas y luego empareja cada una con la descripción correspondiente.

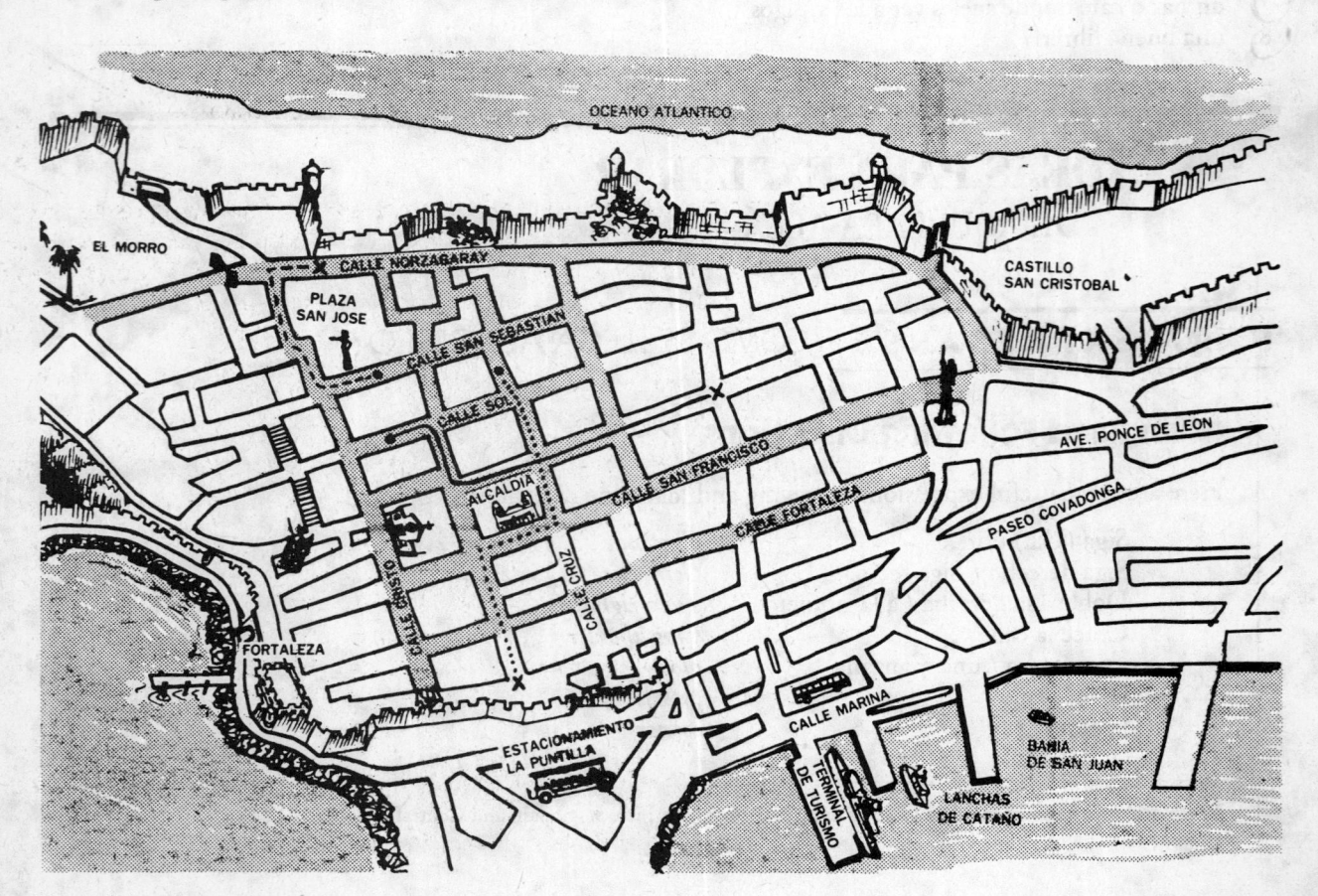

Ruta del primer turista: _____
Ruta del segundo turista: _ _ _ _ _ _ _ _
Ruta del tercer turista: ....
Nota: «x» indica dónde comienza la ruta y «•» indica dónde termina.

86   Unidad cinco   Somos lo que somos

1. _C_ primer turista
2. _B_ segundo turista
3. _A_ tercer turista

a. Esta persona sigue derecho por unas cuadras y luego dobla a la derecha. En la próxima bocacalle, dobla a la izquierda y sigue derecho por otras cuadras más.
b. Esta persona sigue derecho hasta la primera bocacalle que encuentra. Luego dobla a la izquierda. Sigue derecho por unas cuadras y luego dobla a la izquierda de nuevo.
c. Esta persona sigue derecho por unas cuadras y luego dobla a la derecha. En la próxima bocacalle dobla a la izquierda.

Actividad B ¿Dónde te encuentras?

Paso 1. Usando el plano del viejo San Juan que está en la **Actividad A,** sigue las instrucciones y luego indica dónde te encuentras.

1. Estás en la esquina de la calle Cristo y la calle San Francisco mirando hacia el norte. Caminas por tres cuadras y doblas a la derecha. Luego caminas dos cuadras más. ¿En qué esquina te encuentras?
   Calle San Sebastián

2. Estás en la Fortaleza y comienzas a caminar por la calle San Francisco. Sigues derecho y pasas por (*through*) dos bocacalles y en la tercera doblas a la izquierda. Sigues derecho por la misma calle y dos bocacalles después de la Alcaldía paras (*you stop*). ¿Dónde te encuentras?
   Calle Sol

3. Estás en Castillo San Cristóbal. Sales del Castillo y sigues derecho por la calle Norzagaray hasta llegar a la Plaza San José. Allí doblas a la izquierda y sigues derecho hasta pasar dos bocacalles. ¿Dónde te encuentras?
   Calle Sol

Paso 2. Ahora escucha las mismas instrucciones en la cinta. Luego vas a oír dónde te encuentras. ¿Sabes dónde estás o te perdiste (*did you get lost*)? _No_

*Actividad C Una conversación

Paso 1. Vas a escuchar una conversación telefónica entre dos personas. Escucha la conversación una vez e indica cuál de las siguientes afirmaciones es más probable. (Nota: **piedra** = *stone*)

☐ Gonzalo va a caminar.
☒ Gonzalo va a ir en carro.

Paso 2. Escucha la conversación otra vez. Toma apuntes como si tú fueras (*as if you were*) Gonzalo. Puedes usar el espacio a continuación.

Paso 3. Con los apuntes que tomaste, haz un pequeño plano de cómo llegar a la casa de Alejandro.

[Handwritten map: Sarasota (3 millas), San Fernando (1 milla), Tapatía (Sigue por 2 cuadras y doble a la izquierda).]

Actividad D Símbolos

Paso 1. Escribe una oración para explicar lo que representa cada símbolo a continuación.

MODELOS: El símbolo indica que se debe seguir derecho.

El símbolo representa una esquina.

1. ↰   2. ↱   3. ↑   4. ✚   5. ⊢

1. _El símbolo indica que doble a la izquierda._
2. _El símbolo indica que doble a la derecha._
3. _El símbolo indica que se debe seguir recto._
4. _El símbolo representa una bocacalle._
5. _El símbolo representa una esquina._

Paso 2. Escucha la cinta para verificar tus respuestas.

Para anotar

The following words (in bold) can be useful when you need to give or receive instructions inside a building. Can you guess what they mean?

¿La oficina central? Siga derecho por este **pasillo**. **Al final**, doble a la izquierda. La oficina es la segunda **puerta** a la derecha.

If you guessed that **pasillo** means *hallway* or *corridor*, that **al final** means *at the end*, and that **puerta** means *door*, great! Here are some other helpful words.

| subir | *to go up, climb* | el ascensor | *elevator* |
| bajar | *to go down* | las escaleras | *stairs* |

How do you get to your professor's office once you get inside the building?

❖ **Para entregar** Desde la universidad… Escoge dos de los siguientes lugares y en una hoja aparte explícale al profesor (a la profesora) cómo llegar allí desde la universidad.

1. a tu apartamento o casa (si no vives en una residencia)
2. a un restaurante que le recomiendas
3. al banco donde depositas tu dinero

88   Unidad cinco   Somos lo que somos

4. a una oficina importante
5. a un cine

▼ Vamos a ver
«Los que no migran...»

Please complete the **Vamos a ver** worksheet at the end of the lesson and turn it in to your instructor.

▼ Ideas para explorar
Animales estudiados

PARA EXPRESARSE ¿SON COMPORTAMIENTOS APRENDIDOS?

Adjectives Derived from Verbs

You have learned that many adjectives in Spanish are derived from past participle forms of verbs. As adjectives, they must agree in number and gender with the nouns they modify.

Los animales más **estudiados** son los chimpancés.	*The most studied animals are chimpanzees.*
Es información **aprendida**.	*It's learned information.*
Es un gusto **adquirido**.	*It's an acquired taste.*

Actividad A Algunos adjetivos

Paso 1. Select the adjective that completes the sentence logically.

1. La idea de que el ser humano comparte muchas características con los animales es bien ____ en el mundo científico.
   (a.) aceptada   b. divertida   c. llamada
2. El ser humano, tanto como los animales, tiene comportamientos innatos y ____.
   a. evaluados   b. apropiados   (c.) adquiridos
3. ____ de otra manera, nacemos con algunos comportamientos y aprendemos otros.
   (a.) Dicho   b. Puesto   c. Hecho
4. Cuando una característica se puede asociar con otra, se dice que ambas son características ____.
   a. separadas   b. aisladas   (c.) relacionadas
5. En esta actividad estamos repasando los adjetivos ____ de verbos.
   a. enseñados   b. desarrollados   (c.) derivados

Paso 2. Now listen to the tape to verify your answers.

Paso 3. For each of the fifteen adjectives listed in **Paso 1**, whether it's a correct answer or not, give the verb from which it is derived.

1. a. _aceptar_   b. _divertirse_   c. _llamar_

2. a. _evaluas_   b. _aprobas_   c. _adquisis_
3. a. _dictas_   b. _puestas_   c. _haces_
4. a. _separadas_   b. _aislas_   c. _relaciondas_
5. a. _enseñas_   b. _desarrollar_   c. _derivas_

UN VISTAZO Libros leídos

En la revista argentina *Noticias,* la sección siguiente se publica a menudo.

| LOS CINCO LIBROS MAS LEIDOS ||
FICCION	NO FICCION
1° "EL PENDULO DE FOUCAULT" Umberto Eco. - Edic. de la Flor - ₳15.000	1° "FREUD, UNA VIDA DE NUESTRO TIEMPO" Peter Gay. Ed. Aguilar - ₳24.800
2° "LA QUINTA REINA" Ford-Maddox-Ford - Sudamericana - ₳6.650	2° "LOS ALSOGARAY" F. Doman y M. Aguilera. Ed. Aguilar. - ₳6.000
3° "INVITADA DE HONOR" Irving Wallace. Edit. Planeta. - ₳5.000	3° "LA HISTORIA DEL TIEMPO" Stephen Hawking. Ed. Crítica. - ₳6.870
4° "AMATISTA" Alicia Steimberg. Tusquets Edit.. - ₳9.900	4° "SOY ROCA" Félix Luna. Ed. Sudamericana - ₳6.400
5° "LA DESAPARICION DE LA SANTA" Jorge Amado. Edit. Emecé - ₳5.400	5° "COMO ENFRENTAR LA POBREZA" B. Klinsberg. G.E.L.A. - ₳9.700

¿Cuál sería (*would be*) la forma de **leído** si la sección fuera (*were*) sobre las novelas? ¿Cuál sería la forma del adjetivo derivado de **ver** si la sección fuera sobre las películas?

❖ **Para entregar** Superlativos On a separate sheet of paper, write a sentence about each item listed.

MODELOS: Los/Las cinco ____ son ____.

La/El ____ es ____.

1. los cinco libros más leídos en los Estados Unidos
2. las cinco actrices más conocidas en los Estados Unidos
3. los cinco lugares más frecuentados por turistas en los Estados Unidos
4. la tarjeta de crédito más usada en los Estados Unidos
5. el hombre más respetado hoy en día por los norteamericanos
6. la mujer más respetada hoy en día por los norteamericanos

❖ **Para entregar** Preguntas For each concept below, write three answer choices that could be used on a quiz with the following directions: "Select the item or items that do not belong."

MODELO: países industrializados →
a. el Japón y Alemania b. el Perú y Bolivia c. El Canadá y los Estados Unidos
(la respuesta: *b*)

1. edificios construidos durante el siglo XIX
2. políticos asesinados durante este siglo
3. automóviles fabricados fuera de los Estados Unidos

4. novelas escritas en primera persona
5. alimentos que se pueden comprar precocinados
6. un plato preparado con tomates
7. universidades conocidas nacionalmente
8. un animal domesticado

Para anotar

You have already seen what is called the passive **se** in Spanish. Spanish also has a true passive, structured similarly to the passive in English. (Example: Many fruits *were introduced* to Europe from the New World.) The Spanish true passive uses the verb **ser** plus an adjective derived from a past participle. The true passive, however, is not used as frequently as the passive **se** in the present tense. You are more likely to see or hear true passive used to refer to a time in the past.

> Los elefantes **fueron estudiados** durante varios meses.
> Las pirámides de Egipto **fueron construidas** por esclavos.

> *The elephants were studied for a number of months.*
> *The Egyptian pyramids were built by slaves.*

Note that **por** has the same function as *by* in English.

The following activity will acquaint you with the true passive in the past tense, but you need not learn it at this time.

*Actividad optativa ¿Cierto o falso?

	CIERTO	FALSO
1. La teoría de la relatividad fue desarrollada por Einstein.	☒	☐
2. Un cometa muy famoso fue descubierto por Halley.	☒	☐
3. Las obras (*works*) de Shakespeare fueron escritas en latín.	☐	☒
4. Algunos países de Sudamérica fueron colonizados por los franceses.	☒	☐
5. El teléfono fue inventado en el siglo XX.	☐	☒

▼ VAMOS A VER
NUESTRO «PRIMO», EL CHIMPANCÉ

Please complete the **Vamos a ver** worksheet at the end of the lesson and turn it in to your instructor.

UN VISTAZO   En peligro de extinción

Aunque el elefante tiene pocos enemigos naturales, existe la posibilidad de que se extinga. Lee la selección en la página 92 para saber más al respecto.

VOCABULARIO ÚTIL
ganar terreno a la selva — *to get farmland from the jungle*
propiciar — *to prompt*

Ya sólo hay 600.000 elefantes en todo el continente africano

DESTRUCCION DE SU HABITAT

El incremento brutal de la población africana ha propiciado que las ciudades fueran ganando terreno a la selva reduciendo así el hábitat primitivo de estos animales a los parques nacionales.

DISTRIBUCION 1979

DISTRIBUCION ACTUAL

MAPA: JAVIER BELLOSO

Elefante de sabana *(Loxodonta A. africana)*

DOS COLOSOS QUE PUEDEN EXTINGUIRSE

En Africa hay dos variedades de elefante, el de sabana *(Loxodonta africana africana)* y el de selva *(Loxodonta africana cyclotis)*. El primero de ellos, en el dibujo superior, supera al segundo en tamaño. Además, el elefante de selva tiene las orejas más redondeadas y las defensas más rectas, paralelas y dirigidas hacia abajo, para progresar con mayor facilidad entre la vegetación.

Elefante de selva *(Loxodonta africana cyclotis)*

DIBUJOS: M. MERINO

Unidad cinco   Somos lo que somos

Nombre _____ Fecha _____ Clase _____

Vamos a ver: «Los que no migran...» (page 89)

Multitud de aves efectúan un viaje de ida y vuelta cada año. Algunas tardan pocos días; otras largas semanas. De las cimas al valle o de la tundra al desierto, los peli-

HACIA EL SUR, EN BUSCA DE TIERRAS CALIDAS

gros acechan a la bandada. Con todo, el viaje es la mejor garantía de supervivencia.

El cisne trompetero (cygnus buccinator), *todo elegancia en la voz y en la figura.*

Anticipación

Paso 1. En un momento, vas a escuchar a alguien hablar sobre «Los que no migran...». ¿Qué significa esto para ti? ¿Hay animales que no migren? ¿En qué época suelen migrar más los animales?

Paso 2. Si dijiste en el **Paso 1** que muchos animales migran durante el invierno, estás en lo correcto. Los que no migran, muchas veces hibernan. ¿Qué quiere decir la palabra **hibernar**?

1. ☐ Cambiar de piel (*skin, fur*) para protegerse del frío.
2. ☐ Pasar el invierno en estado letárgico.

Paso 3. De los siguientes animales, ¿sabes cuáles migran? ¿Sabes cuáles hibernan?

la serpiente	los insectos	el zorro (*fox*) ártico
la rana	los pájaros	el oso (*bear*) polar
la tortuga	la ardilla (*squirrel*)	

Según lo que acabas de indicar, ¿con cuál de las siguientes oraciones estás de acuerdo?

1. ☐ Los animales de sangre caliente no migran; todos hibernan.
2. ☐ Los animales de sangre fría no migran; hibernan.
3. ☐ Algunos animales de sangre fría migran.
4. ☐ Algunos animales de sangre caliente migran.

Exploración

Paso 1. Ahora escucha la cinta. Por el momento, presta atención a las ideas generales.

Paso 2. Ya que has escuchado la primera vez, indica cuál(es) de las siguientes afirmaciones es (son) verdadera(s).

1. ☐ En la cinta se habla de los reptiles e insectos solamente.
2. ☐ En la cinta se habla de los animales de sangre fría y de sangre caliente.

Lección 15 ¿En qué se parecen los animales y los seres humanos? 93

3. ☐ En la cinta se describe lo que es la hibernación.
4. ☐ En la cinta no se habla de los animales que no migran.

¿También puedes verificar tu respuesta en el **Paso 3** de **Anticipación**?

Paso 3. Vuelve a escuchar la cinta. Esta vez, presta más atención a los detalles. Trata de deducir el significado de las siguientes palabras.

ahorrar (por ejemplo, ahorrar energía)
exponerse
congelarse (*hint:* el agua se congela a la temperatura de 0 centígrado)
parir (*hint:* algunas palabras asociadas son **nacer, hijos, útero, reproducirse**)

Paso 4. Vuelve al **Paso 2** de **Anticipación** y verifica tu respuesta. ¿Puedes añadir algo a la definición de **hibernación** que has escogido? Por ejemplo, ¿qué función tiene? Si no, vuelve a escuchar la parte donde se explica lo que es la hibernación.

Paso 5. Escribe aquí los nombres de todos los animales mencionados e indica lo que hacen durante el invierno. Puedes escuchar la cinta otra vez si quieres.

Animal	Lo que hace durante el invierno		
	MIGRA	HIBERNA	NI MIGRA NI HIBERNA
_____	☐	☐	☐
_____	☐	☐	☐
_____	☐	☐	☐
_____	☐	☐	☐
_____	☐	☐	☐
_____	☐	☐	☐
_____	☐	☐	☐
_____	☐	☐	☐

Vuelve a la lista e indica si son animales de sangre fría (SF) o sangre caliente (SC). Puedes escuchar la cinta de nuevo si es necesario.

Paso 6. Escribe algo sobre lo que hacen los siguientes animales durante el invierno.

la ardilla _____

el oso polar _____

Paso 7. ¿Crees que lo has captado todo? Si quieres, puedes escuchar la cinta una vez más y verificar todas las respuestas que diste a los pasos en esta sección.

Síntesis

Usando la información obtenida en **Exploración**, contesta las siguientes preguntas.

1. ¿Qué es la hibernación? ¿Qué función tiene? _____
   _____

2. ¿Qué tipo(s) de animales hibernan? _____
   _____

3. Se puede decir que existen animales que hibernan parcialmente. ¿Puedes dar un ejemplo? _____
   _____

4. ¿En qué sentido lleva el oso polar una vida normal durante el invierno? _____
   _____

¡Sigamos! ¿Qué saben?   Pregúntales a cinco de tus amigos (en inglés si no saben español) si saben si las siguientes afirmaciones son ciertas o falsas. Apunta sus respuestas.

1. La ardilla hiberna sin interrupción todo el invierno.
2. Los insectos no hibernan durante el invierno. Simplemente mueren.
3. La serpiente no hiberna; migra a climas más favorables.
4. Algunos pájaros migran, otros hibernan y otros ni migran ni hibernan.
5. Ninguna hembra, entre los animales de sangre caliente, es capaz de parir en el invierno. ¡OJO! La hembra de la especie humana no *pare*, sino *da a luz*.

	PERSONA 1 SÍ / NO	PERSONA 2 SÍ / NO	PERSONA 3 SÍ / NO	PERSONA 4 SÍ / NO	PERSONA 5 SÍ / NO
1.	☐ ☐	☐ ☐	☐ ☐	☐ ☐	☐ ☐
2.	☐ ☐	☐ ☐	☐ ☐	☐ ☐	☐ ☐
3.	☐ ☐	☐ ☐	☐ ☐	☐ ☐	☐ ☐
4.	☐ ☐	☐ ☐	☐ ☐	☐ ☐	☐ ☐
5.	☐ ☐	☐ ☐	☐ ☐	☐ ☐	☐ ☐

Basándote sólamente en las respuestas de estas cinco personas, escribe unas oraciones sobre lo que ellos saben de los hábitos de los animales en el invierno.

¡Sigamos!

UN VISTAZO Más sobre el hombre y su «primo»

Aquí está algo más sobre el ser humano y el chimpancé.

VOCABULARIO ÚTIL
salvo — *except*
vivo retrato — *living portrait*

UNA CUESTION EVOLUTIVA

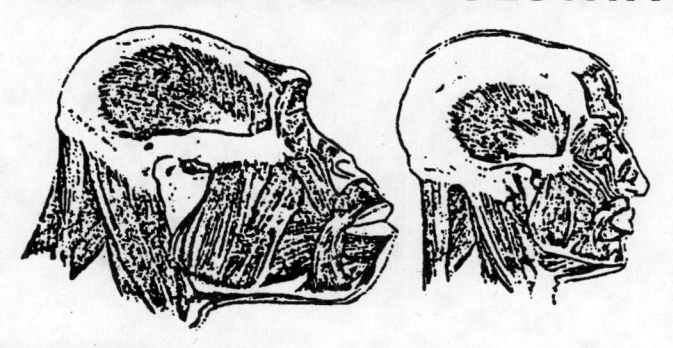

LOS MUSCULOS FACIALES
Al igual que ocurre con los órganos del cuerpo—salvo el cerebro—, tampoco se dan grandes diferencias entre los complicados músculos de la cara de un hombre y un chimpancé; sólo en su tamaño, no en su disposición. Gracias a ello, los antropoides consiguen formar con su cara expresiones que no dejan de recordarnos a nosotros mismos. Pueden llegar a ser nuestro vivo retrato.

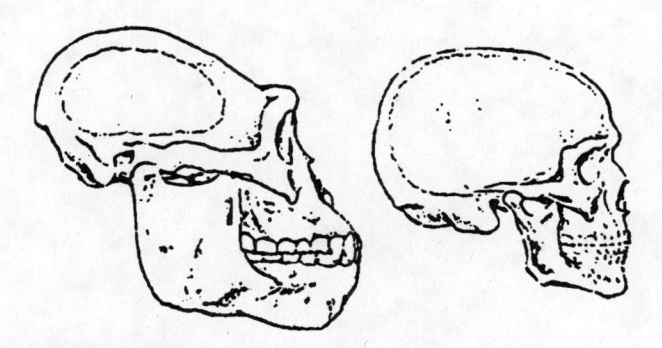

LA CAVIDAD CRANEANA
Como muestra la ilustración, el cerebro humano es considerablemente mayor que el de un mono antropoide. El hombre cuenta con aproximadamente 1.300 cm^3, aunque está demostrado que sólo el volumen no es indicativo de mayor inteligencia. Al tiempo, se puede comprobar el mayor desarrollo de la mandíbula en los monos que permite sujetar los potentes músculos maxilares.

LECCIÓN 16

¿QUÉ RELACIÓN TENEMOS CON LOS ANIMALES?

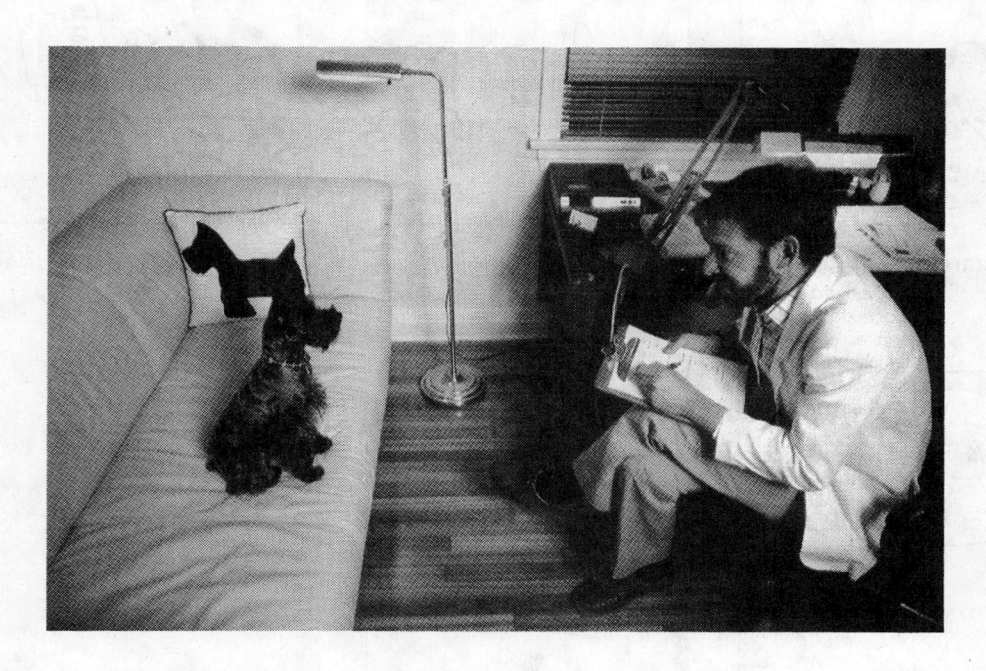

In this lesson you'll review and continue to practice what you have learned in class. In addition, you will

- learn more about the conditional tense and how it is used
- hear a Spanish speaker talk about how to choose a dog as a pet
- hear a Spanish speaker talk about fantastic animals and monsters

IDEAS PARA EXPLORAR
LAS MASCOTAS

PARA EXPRESARSE ¿SERÍA BUENA IDEA?

The Conditional Tense

Me **gustaría** tener una mascota. Sí, un perro.

¿Qué **haría** con un perro en este apartamento pequeño?

Además, no me **permitirían** tener un animal aquí

Bueno, **podría** comprarme un canario, pero...

...soy alérgica a las plumas...

The conditional tense in Spanish has two functions that are very similar to the function of the conditional in English. In this first section of the lesson you will work with one function: expressing hypothetical events or conjectures. This use of the conditional is very similar to English *would* in the sentences "That would be a lot of work" and "I wouldn't permit that!" In both cases the event is hypothetical or conjectured; that is, the speaker's comment is based not on objective reality but instead on a conjectured state of events. Both sentences in Spanish would use the Spanish conditional.

    Eso **sería** mucho trabajo.
    ¡Yo no **permitiría** eso!

The conditional of most verbs is easily formed with *infinitive* + *-ía-* + the appropriate person and number endings.

llamar (-ar)	ser (-er)	sentirse (-ir)
llamaría	sería	me sentiría
llamarías	serías	te sentirías
llamaría	sería	se sentiría
llamaríamos	seríamos	nos sentiríamos
llamaríais	seríais	os sentiríais
llamarían	serían	se sentirían

Some useful irregular conditional forms include

hacer: haría, harías, haría, haríamos, haríais, harían
poder: podría, ...
poner: pondría, ...
tener: tendría, ...

The conditional often appears with what is called the past subjunctive. You need not learn the past subjunctive at this point, but so that you can recognize it in the following activities, note that the past subjunctive ending is formed with **-iera-** or **-ara-** and often appears with **si**.

Si yo no **estudiara, trabajaría** con mi padre.	*If I weren't studying, I would be working for my father.*
Si pudieras tener cualquier animal en casa, ¿cuál **escogerías**?	*If you could have any animal at home, which would you choose?*

Actividad A Reacciones

Paso 1. Mark how you would feel or react in each situation. You may select more than one reaction if it is logical to do so.

1. Si perdiera mi libro de español...
   ☐ me pondría muy enfadado/a.
   ☒ me pondría irritado/a, pero no enfadado/a.
   ☐ compraría otro en seguida (*right away*).
   ☐ sacaría fotocopias de las páginas del libro de un amigo.
   ☐ estudiaría con otra persona.

2. Si mi amigo ya no pudiera tener su perro...
   ☐ le cuidaría yo mismo/a el perro.
   ☐ le ayudaría a buscarle otro amo (*owner*).
   ☒ adoptaría el perro.
   ☐ les preguntaría a mis padres si querían adoptarlo.
   ☐ no me importaría.

3. Si recibiera una nota baja en un examen importante...
   ☒ hablaría con el profesor (la profesora).
   ☐ dejaría (*drop*) el curso.
   ☒ estudiaría más en el futuro.
   ☐ buscaría un compañero (una compañera) de clase para que me ayudara.
   ☐ no me preocuparía.

4. Si encontrara un gato perdido cerca de mi casa...
   ☐ pondría un anuncio en el periódico.
   ☒ llamaría a la Sociedad Protectora de Animales.
   ☐ me quedaría con él.*
   ☐ hablaría con mis amigos para ver quién lo quería adoptar.
   ☐ no haría nada.

---

* In this context **me quedaría con** means *I would keep*.

5. Si encontrara una bolsa (*bag*) llena de dinero en el parque...
   ☐ se la entregaría a la policía.
   ☐ me quedaría con ella sin decírselo a nadie.
   ☒ gastaría todo el dinero.
   ☐ donaría el dinero a una institución de caridad (*charity*).
   ☐ la dejaría donde está.

Paso 2. Now listen to the person on the tape say how she would react. Take notes alongside the sentences in **Paso 1**, if you wish. You will be asked about this information in **Paso 3**.

Paso 3. Considering your answers and those you heard, which of the following best compares your reactions with the speaker's?

☒ Más o menos tendríamos la misma reacción en cada caso.
☐ En algunos casos tendríamos la misma reacción; en otras, sería diferente.
☐ Tendríamos reacciones completamente diferentes.

If there is time in class, compare responses with someone and do **Paso 3** again using that person's responses and your own.

Actividad B Si tuviéramos un perro...

Paso 1. Imagine that you are attempting to determine whether you and the person you live with should get a dog. Which of the following questions should you consider as you make your decision?

		SÍ	NO
1.	¿Quién sacaría al perro de paseo?	☒	☐
2.	¿Quién le daría de comer?	☐	☒
3.	¿Quién limpiaría el excremento del perro?	☒	☐
4.	¿Quién jugaría con el perro?	☒	☐
5.	¿Dónde dormiría el perro?	☒	☐
6.	¿Dónde quedaría el perro durante el día cuando nadie está en casa?	☒	☐
7.	¿Qué haríamos con el perro cuando nos vamos de vacaciones?	☒	☐
8.	¿Quien bañaría al perro?	☐	☒
9.	¿Quién pagaría las cuentas del veterinario?	☒	☐
10.	¿Quién entrenaría al perro?	☐	☒

Paso 2. Now listen to two different people talk about what they would or would not do if they owned a dog. Jot down their responses.

PERSONA 1
1) ~~Tendría~~ Daría de paseo todos los días. 2) Jugaría mucho. 3) Saldría de vacaciones.

PERSONA 2
1) Una perro es una grande responsibilidad. Podría en casa cuando trabajo. 2) El perro tendría mucho comida. 3) No ~~tendría~~ gustaría un perro.

Save the information from **Paso 2**; you will need it later for a **Para entregar** activity.

UN VISTAZO   ¿Adopción?

Mira lo siguiente que acompañaba una sección de preguntas y respuestas en un periódico puertorriqueño. Luego contesta las preguntas que siguen a continuación.

ADÓPTEME

Actividad optativa ¿Qué harías?   ¿Adoptarías tú un perro? ¿un gato? ¿O lo comprarías en una tienda que se especializa en animales?
- ☒ Yo adoptaría un perro (gato) porque... *me gusta los perros.*
- ☐ Yo compraría un perro (gato) porque...

Irregular Conditionals

As you know, certain verbs have irregularities in their stems in the conditional, although they use the same endings as regular verbs. Can you provide the infinitive of each form listed below? The answers follow the list.

(yo) haría	__hacer__	(Ud.) diría	_____	saldrías	_____
pondríamos	_____	tendrían	_____	vendrían	_____
podrías	_____	querríamos	_____	sabría	_____

(*Answers:* poner, poder, decir, tener, querer, salir, venir, saber)

Actividad C En una situación parecida...   Listen as the speaker describes a situation and how he reacted. Then indicate what you would do or say in a similar situation.

1. En una situación parecida, yo...
   ☒ haría lo mismo.   ☐ haría algo diferente.   ☐ no haría nada.

Lección 16   ¿Qué relación tenemos con los animales?   105

2. En una situación parecida, yo…
   ☐ diría lo mismo. ☒ no diría nada.
3. En una situación parecida, yo…
   ☒ saldría del restaurante. ☐ no saldría.
4. En una situación parecida, yo…
   ☒ tendría mucha hambre. ☐ no tendría tanta hambre.
5. En una situación parecida, yo…
   ☐ podría vivir con esa persona sin problema. ☒ no podría vivir con esa persona.
6. En una situación parecida, yo…
   ☐ bajaría del autobús también. ☒ le diría algo. ☐ no haría nada.

UN VISTAZO   Si fuera a un psicoanalista…

En la siguiente tira cómica, Felipe, el amigo de Mafalda, reflexiona sobre lo que pasaría si él buscara ayuda profesional para un problema que tiene: ansiedad por el primer día de clases (en la escuela).

VOCABULARIO ÚTIL
- agarrar — *to grab, seize*
- lograr — *to succeed*
- si fuera — *if I were to go*

[Tira cómica de Felipe:
1. ¡CADA VEZ QUE EMPIEZAN LAS CLASES ME AGARRA ESTA MISMA COSA AQUÍ!
2. ¿Y SI FUERA A UN PSICOANALISTA?
3. ¿PODRÍA UN PSICOANALISTA SACARME LA ANGUSTIA DE VOLVER AL COLEGIO?
4. ¿CONSEGUIRÍA UN PSICOANALISTA QUE YO, FELIPE, FUERA A LA ESCUELA CONTENTO Y FELIZ?
5. ¿LOGRARÍA UN PSICOANALISTA TRANSFORMARME EN UN SER TAN REPUGNANTE?]

Actividad optativa Práctica con el condicional

Paso 1. Haz un círculo en todas las formas verbales del condicional en la tira cómica.

Paso 2. ¿Qué crees que es cierto de lo siguiente?

Si yo sintiera una gran angustia…
   ☐ consultaría con un psicólogo (una psicóloga).
   ☐ buscaría la ayuda de mis amigos.
   ☐ hablaría con alguien perteneciente a mi propia religión.
   ☐ me iría de vacaciones.
   ☐ no haría nada en particular.
   ☐ _____

Actividad D Si fuera posible…   You are once again called on to speak for the class!

Paso 1. Check off those items in the list that you think are true for the class.

1. ☐ Muchos harían trabajo extra para la clase si fuera posible.

---

* Here **fuera** is a form of **ser**, and **si fuera** means *if it were*. Remember that **fuera** can also be a form of **ir** (*to go*).

2. ☐ Muchos querrían estudiar en España o en México si fuera posible.
3. ☒ Muchos tendrían que estudiar toda la noche si el examen final fuera mañana.
4. ☒ En un caso de urgencia, muchos podrían ayudarle a una persona que no sabe hablar inglés, si fuera necesario.
5. ☐ Muchos saldrían de la universidad muy temprano los viernes si fuera posible.
6. ☒ Muchos pondrían «Sí, hablo español» en una solicitud de empleo (*job application*) si fuera necesario.

Paso 2. For each item in **Paso 1**, write a corresponding sentence for yourself. You may check your spelling of the conditional verb forms in the Answer Key.

   MODELO: Yo trabajaría el doble para la clase si fuera posible.

1. *Yo haría trabajo extra para la clase si fuera posible.*
2. *Yo querría estudiar en España o en México si fuera posible.*
3. *Yo tendría que estudiar toda la noche si el examen final.*
4. *En un caso de urgencia, yo podría ayudarle a una persona...*
5. *Yo saldría de la universidad muy temprano los viernes.*
6. *Yo pondría «Sí, hablo español» en una solicitud de empleo...*

❖ **Para entregar** ¿Podríamos tener un perro?   On a separate sheet of paper, write a short essay about whether you and either of the two people you listened to in **Actividad B** on page 104 would be compatible dog owners. You may begin your essay as suggested in the **modelo**, if you wish.

   MODELO: ____ y yo podríamos tener un perro. Primero, los dos jugaríamos con el perro…

Para anotar

The conditional is also used when talking about what someone thought, said, or reported would happen.

   La profesora me dijo que yo **tendría** que estudiar más.
   Muchos creían que para el año 1992 una mujer **sería** presidente de los Estados Unidos.

▼ VAMOS A VER
¿QUÉ TIPO DE PERRO?

Please complete the **Vamos a ver** worksheet at the end of the lesson and turn it in to your instructor.

Lección 16   ¿Qué relación tenemos con los animales?   **107**

IDEAS PARA EXPLORAR
EL PORQUÉ DE LA VIVIENDA

PARA EXPRESARSE   ¿DÓNDE VIVES?

Describing Where People Live

Tipos de vivienda
la casa particular: la casa privada
el piso: el apartamento
la residencia estudiantil — dorm

Lugares
el barrio: la zona de una ciudad
el campo: el área rural
la ciudad: el centro urbano

Factores que influyen en la elección de un lugar para vivir
el costo de vida: lo que cuesta económicamente vivir, mantenerse
los gastos: sustantivo derivado de **gastar**; lo que por lo general gastas en la comida, la ropa, el carro, etcétera
la privacidad: la ausencia de otras personas «molestas»
el tamaño: grande, pequeño o regular
las tiendas: lugares donde se hacen las compras (comida, ropa)

Otras expresiones
cercano: adjetivo derivado de **cerca**
la falta de algo: la ausencia de algo
tomar en cuenta: considerar

---

*Actividad A Preguntas

1. ¿Cuál de los siguientes no es un gasto típico de un estudiante?
   a. la matrícula   b. la comida   c. los libros   (d.) los impuestos municipales
2. ¿Cuál de las siguientes facilidades esperas encontrar en una residencia estudiantil?
   a. una biblioteca grande   (b.) una cafetería   c. un bar   d. un mercado
3. ¿Cuál es más grande, un barrio o una ciudad? _ciudad_
4. ¿Cómo se mide (*measure*) el tamaño de una casa o piso normalmente?
   a. por su altura   (b.) por el área que ocupa   c. por el número de personas que habitan allí
5. De los siguientes productos, ¿cuál no se puede comprar en una tienda?
   a. un periódico   b. la leche   (c.) un auto
6. ¿Cuál de los siguientes influye directamente en el costo de la vida?
   (a.) la inflación   b. la temperatura   c. la televisión
7. ¿En cuál(es) de los siguientes lugares se puede encontrar más privacidad?
   a. en una residencia estudiantil   (b.) en una casa particular   c. en un piso

108   Unidad cinco   Somos lo que somos

Actividad B Definiciones Vas a escuchar una serie de descripciones y definiciones. Escoge la palabra o frase de la lista a continuación que mejor corresponda a cada descripción.

MODELO: (oyes): Es otro nombre para referirse a un apartamento.
(escribes): piso
(oyes): Es **piso**.

la ausencia de algo   la casa particular   el tamaño
el barrio   el piso   la vivienda
el campo   la residencia estudiantil

1. _el campo_   3. _la vivienda_   5. _el piso_
2. _el tamaño_   4. _la casa particular_ 6. _el barrio_

Actividad C Más definiciones A continuación hay una lista de palabras. Vas a escuchar tres definiciones para cada palabra. Marca la letra de la definición correcta de cada palabra. La respuesta se dará (*will be given*) en la cinta.

1. la tienda   (a) b   c   4. considerar   a (b) (c)
2. el barrio   a   b (c)   5. el campo   a (b)   c
3. la casa particular   a (b) c

***Actividad D** Las personas y sus viviendas* Vas a escuchar descripciones de las viviendas de las personas que se encuentran en los dibujos a continuación. Escucha con cuidado, y escribe el número de la descripción que lógicamente corresponda a cada persona o personas.

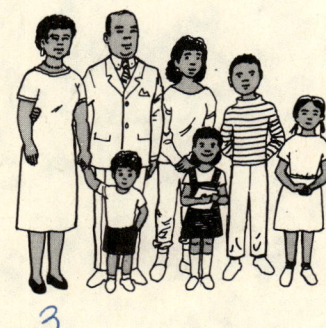

a. _2_

b. _1_

c. _4_

d. _5_

e. _3_

Lección 16 ¿Qué relación tenemos con los animales?   109

❖ **Para entregar** ¿Dónde vives? Vas a escuchar una conversación entre dos amigas, Marta y Teresa. Es la primera semana de clases y ésta es la primera vez que se encuentran en la universidad este año. Escucha con cuidado y luego, en una hoja aparte, contesta las siguientes preguntas. Puedes escuchar la cinta más de una vez si es necesario.

1. ¿Dónde vive Marta?
2. ¿Dónde vive Teresa?
3. ¿Cuál fue el factor más importante en la decisión de Teresa de vivir allí?
4. Menciona tres otros factores que influyeron en su decisión.

▼ VAMOS A VER
ANIMALES FANTÁSTICOS, MONSTRUOS Y OTRAS CRIATURAS

Please complete the **Vamos a ver** worksheet at the end of the lesson and turn it in to your instructor.

UNIDAD SEIS

HACIA EL FUTURO

LECCIÓN 17

¿A QUÉ PROFESIÓN U OCUPACIÓN QUIERES DEDICARTE?

In this lesson of the *Manual*, you will review and continue to practice what you have learned in class. In addition, you will

- learn more about the use of the subjunctive after **cuando, después (de) que,** and other adverbs of time
- learn more about the use of the subjunctive to talk about indefinite things and people

IDEAS PARA EXPLORAR
LAS PROFESIONES

PARA EXPRESARSE ¿QUÉ PROFESIÓN?

Names for Professions and Professional Fields

Campos	Profesiones	Campos	Profesiones
los negocios	el hombre (la mujer) de negocios	el periodismo[c]	el (la) periodista
la computación	el programador (la programadora) el (la) técnico	la enseñanza	el profesor (la profesora) el maestro (la maestra)
la contabilidad[a]	el contador (la contadora)	la medicina	el médico (la médica) el enfermero (la enfermera) el veterinario (la veterinaria)
la agricultura	el granjero (la granjera)	la farmacia	el farmacéutico (la farmacéutica)
el Derecho[b]	el abogado (la abogada)	la terapia física	el (la) terapeuta
el gobierno la política	el político (la política) el senador (la senadora) el (la) representante el presidente (la presidenta)		

[a] accounting [b] law [c] journalism

José, Rita, Diego, Luisita, Benito, Sonia

Sara, Esteban, Carolina, Javier, Raquel, Víctor

116 Unidad seis Hacia el futuro

Campos	Profesiones	Campos	Profesiones
la psicología	el psicólogo (la psicóloga)		el científico (la científica)
la asistencia social	{ el trabajador (la trabajadora) social	la ciencia	el biólogo (la bióloga) el físico (la física) el químico (la química) el astrónomo (la astrónoma)
el arte	{ el pintor (la pintora) el escultor (la escultora)	la ingeniería	el ingeniero (la ingeniera)
la arquitectura	el arquitecto (la arquitecta)		
la música	el (la) músico		
el cine la televisión el teatro	{ el director (la directora) el fotógrafo (la fotógrafa) el productor (la productora) el actor (la actriz)		
los deportes	{ el (la) atleta el jugador (la jugadora) de _____		
la moda[a]	el diseñador (la diseñadora)		

[a] fashion

Vocabulario útil

el/la gerente	manager
el/la jefe/a	boss
el/la ayudante	assistant
el/la especialista (en algo)	specialist (*in something*)
el/la asesor(a)	consultant
consultar	to consult

¿Saben Uds. qué carrera quieren seguir o a qué profesión quieren dedicarse en el futuro?

Inés Tomás Pilar Miguelito

Ana Julia Teresa

Actividad A ¿Sí o no?

Paso 1. Basándote en el dibujo que aparece en **Para expresarse**, indica si cada oración es cierta o no.

	SÍ	NO
1. Un chico piensa ser astrónomo.	☐	☐
2. Una chica piensa ser médica.	☐	☐
3. Ningún estudiante de la clase piensa ser veterinario.	☐	☐
4. Un chico piensa ser terapeuta físico.	☐	☐
5. Una chica piensa ser farmacéutica.	☐	☐
6. Ninguno piensa ser ingeniero.	☐	☐
7. Muchos no saben lo que quieren ser.	☐	☐

Paso 2. Ahora, escucha la cinta para verificar tus respuestas en el **Paso 1.**

Paso 3. ¿Sí o no? Basándote en el dibujo que aparece en **Para expresarse,** indica si cada oración que escuchas es cierta o falsa.

MODELO: (oyes): Nadie de la clase quiere dedicarse a la medicina.
(dices): Falso.
(oyes): Falso. Por lo menos (*At least*) una chica quiere dedicarse a la medicina.

1... 2... 3... 4... 5...

Paso 4. Contesta cada pregunta con el nombre de un estudiante o una estudiante del dibujo que aparece en **Para expresarse.**

1. ¿Quién piensa ser jugadora de tenis? _____

2. ¿Quién quiere ser músico? _____

3. ¿Quién piensa ser granjero? _____

4. ¿A quién le gustaría ser química? _____

5. ¿Quién piensa trabajar en la computación? _____

6. ¿A quién le gustaría ser enfermera? _____

Paso 5. Ahora, escucha la cinta para verificar tus respuestas en el **Paso 4.**

*Actividad B Asociaciones

Paso 1. ¿Qué definición de la columna A se relaciona con cada profesional de la columna B?

A

a. crear sistemas para las computadoras
b. dar consejos sobre asuntos financieros
c. educar a los niños
d. escuchar y analizar los problemas de otra persona
e. informar al público sobre los acontecimientos (*events*) recientes
f. manejar asuntos legales
g. preparar medicamentos y despachar recetas (*to fill prescriptions*)
h. observar las estrellas
i. participar en debates políticos
j. rehabilitar a las personas con impedimentos físicos
k. curar animales

118   Unidad seis   Hacia el futuro

B

1. _____ la psicóloga
2. _____ el programador
3. _____ la contadora
4. _____ la abogada
5. _____ el veterinario
6. _____ la terapeuta física
7. _____ el maestro
8. _____ la farmacéutica
9. _____ el senador
10. _____ la periodista
11. _____ el astrónomo

Paso 2. Con los pares que formaste en el **Paso 1,** haz oraciones usando uno de los modelos a continuación.

MODELOS: Uno de los trabajos principales de _____ es _____.

_____ tiene que _____ en su profesión.

1. _____
2. _____
3. _____
4. _____
5. _____
6. _____
7. _____
8. _____
9. _____
10. _____
11. _____

Actividad C ¿Cierto o falso? Escucha las siguientes oraciones sobre las diferentes profesiones e indica si cada oración es cierta o falsa.

MODELO: (oyes): Un contador necesita saber mucha química.
(dices): Falso.
(oyes): Es falso. Los contadores trabajan con números y cifras.

1... 2... 3... 4... 5... 6...

Lección 17 ¿A qué profesión u ocupación quieres dedicarte? **119**

Actividad D *Más sobre las profesiones* Vas a escuchar unas preguntas sobre las profesiones. Contesta según las alternativas dadas.

MODELO: (oyes): ¿Qué hace un arquitecto, diseña casas o toca la trompeta?
(dices): Diseña casas.
(oyes): Los arquitectos diseñan casas.

1... 2... 3... 4... 5...

*Actividad E ¿Qué profesión se describe? Escucha las siguientes descripciones y escribe en el espacio correspondiente el nombre de cada campo descrito.

1. _____   4. _____
2. _____   5. _____
3. _____

UN VISTAZO   Un pillo (*rogue*) habla...

¿Entiendes la crítica en el siguiente dibujo?

PALABRAS ÚTILES

¿Te arrepientes...?	*Are you sorry . . . ?*
de haber sido	*if I had been*
me hubieran dado	*they would have given me*

¡Ay, bendito!

—Creo que me equivoqué de profesión.
—¿Te arrepientes de ser pillo?
—No, nada de eso. Es que de haber sido banquero, político, o empresario, me hubieran dado dos años en vez de 20.

❖ **Para entregar** Tus amigos y tú

Paso 1. ¿Cuáles de los campos te interesan más? ¿Cuál te interesaba más de niño/a? En una hoja aparte, escribe un breve párrafo usando el modelo a continuación.

De los campos que hemos visto, me interesa más el de ____ porque ____. Pero de niño/a, me interesaba más ____. Pensaba que en esa profesión ____.

Paso 2. ¿Y tus amigos? ¿Qué aspiraciones tienen? Completa el párrafo a continuación. Puedes hacer los cambios necesarios para darle más veracidad.

Entre mis amigos, algunos piensan ser ____ y otros quieren ser ____. Tengo un amigo (una amiga) que estudia ____, que es una carrera muy apropiada para él/ella porque ____.

IDEAS PARA EXPLORAR
CARACTERÍSTICAS Y CUALIDADES

PARA EXPRESARSE ¿QUÉ CARACTERÍSTICAS DEBE TENER?

Talking About Characteristics Needed in Some Professions

Many qualities needed for various professions are listed here. You already know most of them from previous lessons. You'll find them useful in the activities that follow.

pensar de una manera directa
ser carismático/a
ser compasivo/a (*compassionate*)
ser compulsivo/a
ser emprendedor(a) (*aggressive, enterprising*)
ser físicamente fuerte
ser hábil para las matemáticas

ser honesto/a
ser íntegro/a (*honorable*)
ser listo/a
ser mayor
ser organizado/a
ser paciente
tener don de gentes (*to have a way with people*)

__Actividad A__ Descripciones ¿Qué característica de la columna A describe a cada individuo de la columna B?

A

1. ____ Es hábil para las matemáticas.
2. ____ Es honesta.
3. ____ Tiene don de gentes.
4. ____ Es carismático.
5. ____ Es físicamente fuerte.
6. ____ Es emprendedora.

B

a. Johnny Carson
b. Arnold Schwarzenegger
c. Albert Einstein
d. Mrs. Field
e. Rudolph Valentino
f. Justice Sandra Day O'Connor

Actividad B Cualidades recomendables

Paso 1. A continuación hay una lista de varias cualidades que son recomendables para practicar ciertas profesiones. Escoge las dos cualidades más deseables para cada profesión y escríbelas en los espacios en blanco. (Hay cualidades que pueden aplicarse a más de una profesión.)

    ser honesto/a   ser compasivo/a   ser emprendedor(a)
    ser carismático/a   ser físicamente fuerte   pensar de una manera directa
    ser organizado/a   ser paciente   tener don de gentes

1. el atleta   a. _____
                        b. _____

2. el médico   a. _____
                        b. _____

3. la abogada   a. _____
                        b. _____

4. el granjero   a. _____
                        b. _____

5. el maestro   a. _____
                        b. _____

6. la ingeniera   a. _____
                        b. _____

Paso 2. ¿Hay semejanzas y diferencias entre estas profesiones respecto a las cualidades más deseables? Según las cualidades que escogiste para cada profesión en el **Paso 1**, ¿qué profesiones tienen más en común?

Paso 3. En la próxima clase, compara tus respuestas con las de tus compañeros. ¿Son parecidas? ¿diferentes?

Actividad C ¿Y respecto a tus profesores? En tu opinión, ¿cuáles son las características más importantes para ser profesor(a)? Pon las siguientes cualidades en orden de mayor a menor importancia.

____ ser honesto/a   ____ ser paciente

____ ser organizado/a   ____ ser íntegro/a

____ ser carismático/a   ____ pensar de una manera directa

____ tener don de gentes   ____ ser listo/a

Si tienes tiempo en la próxima clase, compara tu lista con las de tus compañeros. ¿Coinciden en sus opiniones?

PARA EXPRESARSE ¿QUÉ APTITUD O HABILIDAD ESPECIAL SE REQUIERE PARA...?

Talking About Skills and Talents Needed in Some Professions

Following are some aptitudes and skills that may be necessary for various occupations. Note that **saber** used with an infinitive (e.g., **Sé escribir bien, María sabe escuchar**) means *to know how* (to do something).

hablar otro idioma	saber expresarse claramente
saber dibujar	saber mandar (*to know how to lead or direct others*)
saber escribir bien	saber usar una computadora
saber escuchar	tener habilidad para trabajar con las manos

Actividad D Profesiones y habilidades

Paso 1. Indica cuáles de las tres habilidades dadas son recomendables para cada uno de estos profesionales.

                                                                                                    SÍ   NO

1. la profesora
   - a. tener habilidad manual ☐ ☐
   - b. saber expresarse claramente ☐ ☐
   - c. saber escuchar ☐ ☐
2. la contadora
   - a. saber usar una computadora ☐ ☐
   - b. hablar otro idioma ☐ ☐
   - c. saber dibujar ☐ ☐
3. el pintor
   - a. saber escribir bien ☐ ☐
   - b. tener habilidad manual ☐ ☐
   - c. saber dibujar ☐ ☐
4. el senador
   - a. saber expresarse claramente ☐ ☐
   - b. hablar otro idioma ☐ ☐
   - c. saber escribir bien ☐ ☐
5. la directora
   - a. saber mandar ☐ ☐
   - b. saber usar una computadora ☐ ☐
   - c. saber expresarse bien ☐ ☐

Paso 2. De acuerdo con lo que indicaste en el **Paso 1**, haz oraciones para cada profesión siguiendo el modelo a continuación.

    MODELO: En mi opinión, para ser ____ es importante ____.

1. _____
2. _____
3. _____
4. _____
5. _____

*Actividad E ¿Qué trabajo se solicita?

Paso 1. A continuación hay parte de la entrevista que le hace la jefa de una oficina a un aspirante para un trabajo. A ti te toca escribir en los espacios en blanco las preguntas que se le están haciendo a la persona entrevistada, y luego, a base de la conversación, indica la ocupación que solicita. Luego, verifica tus respuestas en la Clave (*Answer Key*) antes de pasar al **Paso 2**.

    JEFA: Bueno, señor García, siéntese.

ASPIRANTE: Gracias.

JEFA: Quisiera saber algo sobre sus intereses y habilidades. Ud. sabe que para el trabajo que solicita se busca una persona dinámica, ¿no?

ASPIRANTE: Sí, sí, entiendo. Y en mí Ud. va a encontrar tal persona.

JEFA: Muy bien. Pues, para este trabajo es necesario viajar mucho. Ser bilingüe es una gran ventaja. ¿_____?1

ASPIRANTE: Sí, hablo inglés, francés y un poco de alemán.

JEFA: Excelente. Bueno, sigamos. Ya tengo copias de sus recomendaciones. Pero dígame, en su opinión, ¿_____?2

ASPIRANTE: Yo creo que sí, y creo que mi trabajo refleja mi habilidad. Escribo en una forma muy organizada pero a la vez siempre le doy a mi trabajo un toque personal. Les resulta mucho más interesante a los lectores.

JEFA: ¿Así que Ud. cree que _____?3

ASPIRANTE: Absolutamente. La claridad es una característica integral para una persona en nuestra profesión.

JEFA: Bueno, señor García, por el momento no tengo más preguntas. ¿No tiene Ud. alguna pregunta que hacerme a mí?

Paso 2. Ahora, de las cuatro profesiones a continuación, escoge la que solicita la persona entrevistada de arriba.

☐ terapeuta ☐ periodista ☐ arquitecto ☐ farmacéutico

❖ **Para entregar** ¿Qué cualidades y habilidades tienes tú? Usando el párrafo a continuación como modelo, en una hoja aparte escribe una breve descripción de ti mismo/a.

MODELO: Creo que yo ____. También ____ y ____. Pero hay que ser honesto/a. Yo no ____ y tampoco ____.

¿BUSCA TRABAJO?
¿OFRECE EMPLEO?

BOLSA DE EMPLEOS

La Epoca

La bolsa de empleos de **La Epoca**, le ofrece la oportunidad de avisar gratuitamente, todos los sábados.

Recorte y envíe el cupón que aparecerá todos los lunes, en su diario **La Epoca**.

IDEAS PARA EXPLORAR
ALGUNAS ASPIRACIONES

PARA EXPRESARSE ¿Y EN EL FUTURO?

The Subjunctive Mood

¿Y PARA QUÉ CUERNOS[a] QUIERO SER GRANDE CUANDO SEA GRANDE? ¡YO QUIERO SER GRANDE AHORA!

[a]¿Y... *Why the heck?*

As you know, Spanish encodes both tense and aspect, as well as person and number, in its verb forms. These are fairly objective concepts. *Tense,* for example, is about time, a concept that everyone is familiar with. *Person* refers to the subject of the verb, and *number* refers to whether the subject is singular or plural. *Aspect* is more complex, but it's still objective; one can readily identify an action as being in progress or not.

The subjunctive in Spanish is not a tense, nor does it refer to aspect or to any other objective concept you have become familiar with so far. The subjunctive is what is called a *mood* and relates to certain subjective perceptions about events. It contrasts with another mood, the indicative, which you have already learned about. The present, preterite, imperfect, and present perfect tenses are all indicative. In fact, their full names are the present indicative tense, the present perfect indicative tense, and so on. Like the indicative, the subjunctive also has tenses, but you will become familiar with only the present subjunctive tense in *¿Sabías que...?*

Because it is tied to how a speaker perceives an event, use of the subjunctive depends on such criteria as whether the speaker presupposes information on the part of the listener, whether the speaker affirms or does not affirm the truth of an event, and other perceptions. In *¿Sabías que...?* you will become familiar with several of the more common uses of the subjunctive.

One typical use of the subjunctive that you have already seen is after adverbs of time, such as **cuando, después que** (*after*), **tan pronto como** (*as soon as*), and **hasta que** (*until*). The present subjunctive, rather than the present indicative, is used whenever the event referred to has not yet taken place and is part of a projected future set of circumstances. The subjunctive is used regardless of how great or how small the chance that the event will come about. For example, even though a student knows very well when the current term will end and that it will indeed end, he or she would still use the subjunctive after **tan pronto como** in the following sentence.

Me voy de vacaciones tan pronto como **termine** el semestre.

I'm going on vacation as soon as the semester is over.

The present subjunctive form **termine** and not the present indicative form **termina** (the verb is **terminar**) is used because the end of the semester is part of a set of projected events in a clause introduced by the adverbial of time **tan pronto como**. Why is the subjunctive used in the following sentence?

| Voy a seguir llamando hasta que me **den** una entrevista. | *I'm going to keep on calling until they give me an interview.* |

The subjunctive **den** and not the indicative **dan** is used because the granting of an interview is part of a set of future events in a clause introduced by **hasta que**.

Now contrast the preceding two examples with sentences in which the speaker is not referring to projected events but to repeated or habitual events or to events that occurred in the past. Because there is no reference to a future set of circumstances, the indicative is used.

| Siempre voy a casa de mis padres tan pronto como **termina** el semestre. | *I always go to my parents' house as soon as the semester is over.* |
| Seguí llamando hasta que por fin me **dieron** una entrevista. | *I kept calling until they finally gave me an interview.* |

Before reviewing and working with the forms of the subjunctive, you will first work on seeing the contrast between the subjunctive and indicative in clauses introduced by adverbials of time.

*Actividad A Conversaciones   Read each mini-conversation and decide which of the two clauses the speaker would use.

1. PABLO: ¿Piensas ir a la fiesta en casa de Juanita esta noche?
   ROBERTO: No sé. Tengo muchísimo trabajo.
   PABLO: ¡Vamos! Va a ser divertido.
   ROBERTO: Bueno. _____, iré (*I'll go*).
   a. ☐ Tan pronto como termine mi trabajo   b. ☐ Tan pronto como termino mi trabajo

2. PILAR: ¿Qué te pasa, Pablo? Te veo muy preocupado.
   PABLO: Tuve un accidente y el auto de mi padre está destruido. ¡Me va a matar (*kill*)!
   PILAR: ¿Fue culpa tuya? (*Was it your fault?*)
   PABLO: No.
   PILAR: Pues, mira, _____, explícale lo que pasó.
   a. ☐ cuando hablas con tu padre   b. ☐ cuando hables con tu padre

3. SILVIA: Oye, Francisco, ¿qué tal el concierto anoche?
   FRANCISCO: Fatal. Un desastre total.
   SILVIA: ¿Por qué? ¿Qué pasó?
   FRANCISCO: En primer lugar, estaba muy mal organizado. Estuvimos dos horas esperando _____. ¡Fíjate!
   a. ☐ hasta que nos dejen entrar   b. ☐ hasta que nos dejaron entrar

4. JORGE: Hola, Juliana. ¿Qué estás leyendo?
   JULIANA: Es un libro sobre la Guerra Civil Española. Es interesantísimo.
   JORGE: ¿De veras? Me gustaría leerlo.
   JULIANA: _____, te lo presto. ¿Vale?
   a. ☐ Después que lo leo   b. ☐ Después que lo lea

5. ISABEL: Ana, cuéntame del picnic en el parque ayer.
   ANA: Bueno, fue muy divertido. Estaba toda la familia, había mucha comida, juegos y otras actividades también.
   ISABEL: ¿Y a qué hora se acabó?
   ANA: No sé precisamente, pero salimos _____.
   a. ☐ en cuanto (*as soon as*) comenzó a llover   b. ☐ en cuanto comience a llover

UN VISTAZO Tu futuro...

Un banco español pone este anuncio sobre su «Plan de jubilación asegurada (*insured retirement*)». Pon especial atención al folleto que acompaña la fotografía. ¿Ves el uso del subjuntivo? (El verbo es **jubilarse**.)

TU FUTURO

Si tú eres de ese tipo de gente que tiene grandes proyectos y siempre los convierte en realidad, te proponemos un Plan de Pensiones con visión de futuro. Un Plan para que lo disfrutes con tranquilidad, sin preocupaciones. Te proponemos que conozcas el **Plan de Jubilación Asegurada** de SEGUROS BANCO VITALICIO; un Plan de Pensiones que te garantiza esa independencia que ahora tienes. Para siempre.
Ten presente tu futuro. Ten presente este Plan.

CON EL 15% DE DESGRAVACION FISCAL

PLAN DE JUBILACION ASEGURADA

SEGUROS BANCO VITALICIO

¿Cuánto quiere ganar el día que se jubile?

Infórmate en cualquier Agente u oficina de SEGUROS BANCO VITALICIO.
Ten presente este folleto.

***Actividad B** Alternativas Listen as the speaker makes a statement. Select the most logical inference from the alternatives given. You may listen to each statement as many times as you need to.

1. a. ☐ The speaker regularly visits California at every opportunity.
    b. ☐ The speaker will visit California at some future time when it's possible.
2. a. ☐ The speaker travels to Mexico at the end of each semester.
    b. ☐ The speaker hopes to travel to Mexico at the end of the semester.
3. a. ☐ The speaker always sleeps well after a good workout.
    b. ☐ The speaker believes he will sleep well after he has a good workout.
4. a. ☐ The speaker regularly buys a new car.
    b. ☐ The speaker will buy a new car when he has the money.
5. a. ☐ The speaker is regularly in a good mood when the summer arrives.
    b. ☐ The speaker will be in a good mood when summer arrives.
6. a. ☐ The speaker is waiting for a friend's phone call before going out.
    b. ☐ The speaker always waits for a friend's phone call before going out.
7. a. ☐ The speaker regularly goes to the store after making a bank deposit.
    b. ☐ The speaker will go to the store after making a bank deposit.
8. a. ☐ The speaker always takes aspirin when he has a headache.
    b. ☐ The speaker will take an aspirin when he has a headache in the future.

Forms of the Subjunctive

Subjunctive forms are highly regular in that, with the exception of a handful of verbs, they are always based on the same stem: the stem that appears in the **yo** form of the present tense indicative. Note how in the following example with **conocer**, the stem remains constant.

conozca, conozcas, conozca, conozcamos, conozcáis, conozcan

To generate the various forms that indicate person and number, the characteristic **-o** (or **-oy**) of the present-tense indicative **yo** form is dropped and the opposite vowel is added. For **-ar** verbs, this means **-e**. For **-er** and **-ir** verbs, this means **-a**. Person-number endings are then added.

levantarse	**tener**	**salir**
me levante	tenga	salga
te levantes	tengas	salgas
se levante	tenga	salga
nos levantemos	tengamos	salgamos
os levantéis	tengáis	salgáis
se levanten	tengan	salgan

In short, whatever is present in the stem of the **yo** form of the present tense indicative will carry over to all present-tense subjunctive forms, except for **-ar** and **-er** stem-changing verbs. For these, the **nosotros/as** and **vosotros/as** forms do not keep the stem change. (Note that for verbs ending in **-zar**, like **empezar** [*to begin*], **c** is used instead of **z**. Do you remember that in Spanish **z** is generally not used in front of **i** or **e**?)

empezar	**poder**
empiece	pueda
empieces	puedas
empiece	pueda
empecemos	podamos
empecéis	podáis
empiecen	puedan

-Ir verbs with stem changes in the indicative do not keep the same stem change in the **nosotros/as** and **vosotros/as** forms of the subjunctive. Instead they have another change in the **nosotros/as** and **vosotros/as** forms: **o → u** and **e → i**.

morir	**sentirse**
muera	me sienta
mueras	te sientas
muera	se sienta
muramos	nos sintamos
muráis	os sintáis
mueran	se sientan

Here are some common verbs with irregular stems in the subjunctive.

ir	vaya, vayas, vaya, vayamos, vayáis, vayan
saber	sepa, sepas, sepa…
ser	sea, seas, sea…
haber	haya, hayas, haya… (**haya** is the subjunctive form for **hay**)

Although this may seem like a tremendously complex system to learn, with time you will gain facility with subjunctive forms. Remember, once you know that the forms are based on the **yo** form of the present tense indicative, the subjunctive verbal system is quite regular, with a few exceptions.

Actividad C Opiniones

Paso 1. Select the verb or verbal phrase that, in your opinion, best completes the sentence. Note the subjunctive verb forms as you make your selections.

1. Los científicos van a encontrar un remedio contra el cáncer sólo cuando...
   a. **descubran** los factores que lo causan.
   b. **reciban** más dinero del gobierno.
   c. **tengan** otra conferencia sobre el asunto.
2. Nunca habrá (*There will never be*) paz mundial hasta que...
   a. **se eliminen** las armas nucleares.
   b. **haya** una lengua universal.
   c. **desaparezca** el comunismo.
3. Muchos americanos opinan que debemos ayudar a otros países sólo después que éstos...
   a. **establezcan** un gobierno democrático.
   b. **establezcan** relaciones diplomáticas con nosotros.
   c. **no tengan** otros recursos disponibles (*available resources*).
4. Se dice que la familia americana va a volver a ser como la familia tradicional tan pronto como...
   a. la mujer **deje** de trabajar y **vuelva** a quedarse en casa.
   b. el hombre **reconozca y aprecie** lo que hace su esposa en casa.
   c. los cerdos **aprendan** a volar (*fly*).
5. El problema de las drogas en nuestra sociedad va a continuar hasta que...
   a. los padres **tomen** más interés en sus hijos y en las actividades de éstos.
   b. **se introduzcan** programas educativos contra las drogas en las escuelas primarias.
   c. el gobierno **dé*** más dinero para combatir el problema.
6. Los problemas ecológicos y ambientales se van a resolver sólo cuando...
   a. cada individuo **sea** afectado.
   b. los varios grupos activistas **protesten** más.
   c. todos los países **se reúnan** para trabajar juntos.
7. Una mujer va a llegar a ser presidenta de los Estados Unidos tan pronto como...
   a. **haya** una mujer capaz.
   b. las actitudes sociales **cambien**.
   c. **haya** una vicepresidenta primero.
8. Algunas personas creen que el racismo va a desaparecer sólo cuando...
   a. en las películas y en los libros **se combatan** los estereotipos.
   b. **haya** integración racial en las escuelas.
   c. algún gran desastre nos **una** a todos.

Paso 2. Now listen to the speaker on the tape. Do your opinions match the speaker's?

Actividad D Mi satisfacción futura

Paso 1. Which alternative or alternatives best complete(s) the sentence for you?

Voy a estar contento/a cuando...

☐ **tenga** una carrera interesante.
☐ **sea** rico/a y **pueda** jubilarme joven.
☐ **encuentre** a otra persona con quien compartir mi vida.
☐ **pueda** vivir y trabajar en _____.
☐ **haga** un viaje internacional.
☐ **tenga** hijos.

☐ **visite** una isla tropical.
☐ **sea** el jefe (la jefa) de mi compañía.
☐ **trabaje** en una ciudad grande.
☐ **conduzca** un coche deportivo rojo.
☐ **conozca** a mi actor favorito (actriz favorita).
☐ **viva** cerca de mi mejor amigo/a.

---

* This is the present subjunctive of **dar**.

Paso 2. Now look back at the list and reflect on what you've checked off. Which of the following best summarizes what you have checked?

☐ Mi satisfacción futura depende más de cosas materiales que de mis relaciones con otras personas y el ambiente.
☐ Mi satisfacción futura depende más de mis relaciones con otras personas y el ambiente que de cosas materiales.

Actividad E ¿Cierto o falso?

Paso 1. Decide if each sentence is **cierto o falso** for you and the rest of the class. The sentences are on tape so that you may listen to them.

	CIERTO	FALSO
1. Todos vamos a poder hablar español muy bien cuando **salgamos** de esta clase.	☐	☐
2. Queremos darle una fiesta al profesor o a la profesora cuando **terminemos** el curso.	☐	☐
3. Algunos pensamos trabajar en el Cuerpo de Paz (*Peace Corps*) antes que **busquemos** empleo en nuestra propia profesión.	☐	☐
4. Todos esperamos visitar un país de habla española tan pronto como **tengamos** dinero y oportunidad.	☐	☐
5. Todos pensamos tener hijos después que **nos casemos**. (¡Si es que todos nos casamos!)	☐	☐

Paso 2. Call a classmate on the phone and see what he or she marked as **cierto**. Do the two of you agree?

❖ **Para entregar** Tan pronto como...

Paso 1. On a separate sheet of paper, complete each of the following sentences about yourself. You may refer to any topic or topics that you like.

1. Tan pronto como... , voy a...
2. No voy a poder... hasta que...
3. Pienso... cuando...
4. Después que... me gustaría...

Paso 2. Now complete each sentence by referring to someone else in your Spanish class. Be sure to identify the person by name.

1. Tan pronto como... , va a...
2. No va a poder... hasta que...
3. Piensa... cuando...
4. Después que... le gustaría...

¡OJO! Your Spanish instructor may give your sentences to that person, so think about what you are writing!

Para anotar

> **QUEREMOS ESTAR AHI ANTES DE QUE USTED SE LEVANTE.**
>
> Esa es nuestra meta. Para que usted esté bien informado, requiere que el periódico EL MUNDO esté en su casa antes de las siete de la mañana de lunes a viernes y antes de las ocho de la mañana los sábados, domingos y días feriados.
>
> EL MUNDO
> Si no lo ha recibido, llámenos:
> SAN JUAN 767-7678
> CAGUAS 746-7335
> PONCE 842-2277
> MAYAGUEZ 832-2080
> ARECIBO 878-1398
>
> En EL MUNDO queremos que usted esté bien informado.
>
> **EL MUNDO**
> El periódico más completo.

The adverb **antes de que** and its short form **antes que** are always followed by the subjunctive.

> Antes que **hagas** algo que luego vas a lamentar, piénsalo bien.
> Antes de que **busques** trabajo, es buena idea escribir un currículum vitae.

Because **antes (de) que** always takes the subjunctive, it is unlike other adverbs of time (**cuando, después que, tan pronto como, hasta que**) that you have worked with until now. You'll just have to memorize this use of the subjunctive. The subjunctive puts a rhyme in the following Spanish proverb:

> Antes que **te cases**, mira lo que haces.

What English saying does this remind you of? *

---

* This saying is similar to the English proverb, Look before you leap. It is used as a piece of advice to people who are thinking about doing something but haven't thought about it very well.

PARA EXPRESARSE ¿QUÉ TIPO DE TRABAJO BUSCAS?

Talking About Indefinite Things Using the Subjunctive

Another common use of the subjunctive mood is to talk about indefinite people (for example, someone you'd like to know versus someone you do know), and things (for example, something you need versus something that you already own, and so on). Compare these examples.

> Hay muchos jefes que **saben** escuchar bien.
> Nos gustaría tener un jefe que **sepa** escuchar bien.

Lección 17   ¿A qué profesión u ocupación quieres dedicarte?   **131**

The first sentence reflects the speaker's belief about what is true: There are bosses who know how to listen well. In the second sentence, the speaker is talking about something that does not exist in that speaker's world. Even though other people may have bosses with the desired quality, the speaker uses the subjunctive to indicate the belief that such a boss does not exist. The following pairs of sentences can be contrasted in the same way.

> Necesitamos alguien que **comprenda** nuestros problemas.
> Hemos encontrado a alguien que **comprende** nuestros problemas.

The subjunctive is also used when the existence of something is denied, as in the following sentence that might be uttered by someone who is feeling low.

> No hay nadie que me **conozca**, que me **entienda**, que se **preocupe** por mí.

Have you noticed that so far all the uses and examples of the subjunctive appear in secondary or embedded clauses? That is, they appear in sentences within sentences.

*Actividad F Busco un compañero (una compañera) de cuarto... Match the people from group B with the descriptions in group A.

A

1. ____ Busco un compañero de cuarto que siempre **pague** las cuentas a tiempo, que **no toque** la música a todo volumen y que **sepa** cocinar.

2. ____ Busco una compañera de cuarto que **estudie o hable** inglés y que **tenga** auto (porque vivo lejos de la universidad).

3. ____ Busco un compañero de cuarto que no **fume**, que no **haga** mucho ruido y que **tome** en serio sus estudios.

4. ____ Busco un compañero de cuarto que no **tenga** gatos y que **sea** muy ordenado (*neat*).

5. ____ Busco una compañera de cuarto que **estudie** medicina, que no **fume** y a quien **le guste** la música jazz.

B

a. Leticia: una estudiante de biología (desea ser médica); le gusta todo tipo de música (menos la música rock); lleva una vida muy sana
b. Enrique: un joven responsable de 20 años; estudia ingeniería; no le gustan las fiestas; no fuma
c. Tomás: un joven de 22 años, muy responsable; estudia para ser cocinero (su sueño es ser dueño de un restaurante); no le gusta el ruido, prefiere los ambientes tranquilos
d. Ángela: una estudiante de literatura británica y francesa; le gusta la música clásica; tiene una moto
e. Egberto: un chico de 22 años; muy simpático; tiene alergia a los perros y gatos; es una persona muy organizada y meticulosa

*Actividad G Buscan... Write down the statement made by the speaker. Using what that person says, can you decide what kind of position the person and his or her colleagues are attempting to fill?

1. «_____»

Buscan...
a. un programador (una programadora) de computadoras.   b. un veterinario (una veterinaria).   c. un gerente ejecutivo (una gerente ejecutiva).

2. « _____

_____ »

Buscan...
a. un granjero (una granjera).   b. un(a) periodista.   c. un enfermero (una enfermera).

3. « _____

_____ »

Buscan...
a. un veterinario (una veterinaria).   b. un psicólogo (una psicóloga).   c. un químico (una química).

4. « _____

_____ »

Buscan...
a. un(a) músico.   b. un cantador (una cantadora).   c. un trabajador (una trabajadora) social.

5. « _____

_____ »

Buscan...
a. un(a) terapeuta.   b. un(a) artista.   c. un hombre de negocios (una mujer de negocios).

❖ **Para entregar** El trabajo que quiero encontrar

Paso 1. Think of those qualities that go into making the perfect job, field, or profession. These may include other people you work with and for, hours, geographical location, physical conditions of the environment (e.g., office), salary, and so on. How many can you think of?

Paso 2. Now on a separate sheet of paper write ten sentences about what you want in a future job. Use the models that follow.

MODELOS: Quiero un trabajo que...

Quiero un trabajo en el cual (*in which*)...

Paso 3. Now go back and falsify four sentences. For example, if you wrote **Quiero un trabajo en el cual pueda viajar mucho** you could falsify it by stating **Quiero un trabajo en el cual no tenga que viajar mucho**.

Paso 4. Turn in your sentences to your instructor and see if he or she can spot the false sentences. Does your instructor know you well enough to do that? Does anyone else in class?

Lección 17   ¿A qué profesión u ocupación quieres dedicarte?   **133**

LECCIÓN 18

¿QUÉ NOS ESPERA EN EL FUTURO?

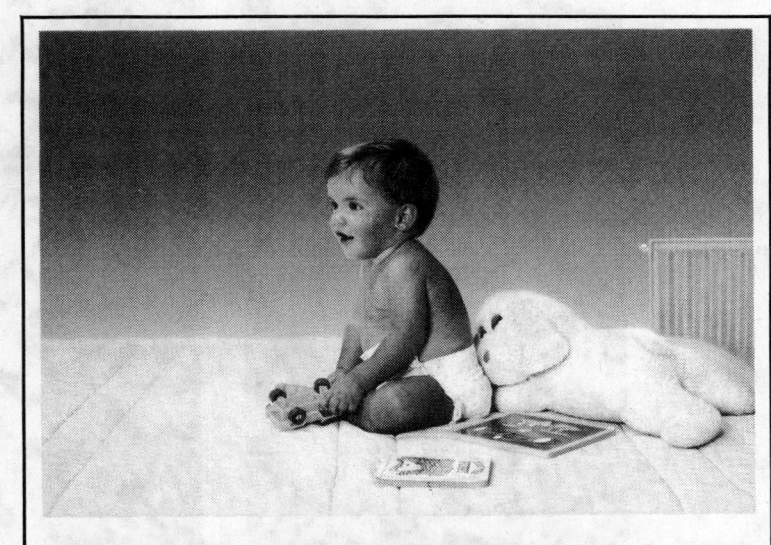

ES NUESTRO FUTURO. Y hay que asegurarlo. Con toda energía. Para que la vida sea cada vez mejor.
Para eso, utilice Gas.
Es una energía limpia. Cómoda. De casa. Es natural. **ES GAS.**

En esta lección repasarás lo que has visto en clase. También

- podrás poner en práctica los usos del futuro simple
- practicarás el uso del subjuntivo después de expresiones de probabilidad, posibilidad y duda
- escucharás hablar de un lugar donde se diseñan y se hacen experimentos con aparatos para el futuro y también escucharás hablar sobre los autos del futuro

Ideas para explorar
LA ROPA Y LO QUE INDICA

PARA EXPRESARSE ¿DE QUÉ TE VISTES?

Talking About What People Wear

Las prendas de vestir

el sombrero

las medias

los zapatos

el vestido

la chaqueta

la blusa

136 Unidad seis Hacia el futuro

Obras de Diego Velázquez (español, 1599–1660): *El bufón llamado «Don Juan de Austria»*, 1632–1633, y *La infanta Margarita de Austria*, 1653

Vocabulario útil

llevar	to wear	Las telas de fibras naturales	Natural fabrics
vestirse (i, i) (de)	to dress (in)		
barato/a	inexpensive	el algodón	cotton
caro/a	expensive	la lana	wool
		la seda	silk
los bluejeans	jeans		
la camiseta	T-shirt	Las telas de fibras sintéticas	
el cuero	leather		
el diseño	design	el poliéster	
el jersey	pullover	el rayón	
la sudadera	sweats		
el suéter	sweater		
el tacón (alto)	(high) heel		

- la camisa
- la corbata
- el traje
- los pantalones

- la falda
- los calcetines

Lección 18 ¿Qué nos espera en el futuro? **137**

Actividad A Algunas asociaciones

Paso 1. Mira con atención las fotografías y pinturas que aparecen en **Para expresarse**. (Por el momento no te preocupes por el **Vocabulario útil**.) Luego indica con qué parte del cuerpo (*body*) suele asociarse cada prenda de ropa.

1. ____ la chaqueta
2. ____ las medias
3. ____ los zapatos
4. ____ el vestido
5. ____ los pantalones
6. ____ el traje
7. ____ la falda
8. ____ los calcetines
9. ____ el sombrero
10. ____ la corbata

a. la cabeza
b. las piernas (*legs*)
c. los pies (*feet*)
d. la parte superior del cuerpo
e. de la cintura para abajo (*from the waist down*)
f. el cuello (*neck*)
g. todo el cuerpo

Paso 2. Di la asociación que escribiste en el **Paso 1**. Luego en la cinta escucharás (*you will listen to*) una oración completa. Si quieres repetir lo que oyes, está bien.

MODELO: (dices): sombrero, cabeza
(oyes): El sombrero se asocia con la cabeza.

1... 2... 3... 4... 5... 6... 7... 8... 9... 10...

Actividad B Más asociaciones

Paso 1. Lee con atención la lista de prendas de ropa que aparece en el **Vocabulario útil** de **Para expresarse**. Luego completa cada oración de la manera más lógica.

1. La mayoría de las personas asociarían los bluejeans con...
   a. Levi Strauss.   b. Ralph Lauren.   c. Hanes.
2. Muchas personas pensarían en... al oír la palabra **camiseta**.
   a. médicos   b. abogados   c. obreros (*laborers*)
3. Para muchos, el jersey es una prenda...
   a. de vestir muy elegante.   b. de todos los días.   c. que no se llevaría con bluejeans.
4. Es más probable encontrar muchas sudaderas en... que en una oficina.
   a. un gimnasio   b. una clínica   c. un restaurante caro
5. El suéter es ideal cuando...
   a. hace fresco.   b. está nevando.   c. hace calor.

Paso 2. Escucha la cinta para verificar tus respuestas.

Actividad C ¿A quién se describe? Escucha cada descripción. Luego indica a qué persona se describe. Las respuestas se darán en la cinta.

1. Se describe a...
   a. un estudiante que va a clase.
   b. una abogada que está en la corte.
   c. un psicoanalista durante una conferencia en la Asociación Internacional de Psicología.

2. Se describe a...
   a. una madre al despertarse por la mañana.
   b. una modelo que va a ser fotografiada para *Vogue*.
   c. una mujer que hace ejercicio aeróbico.
3. Se describe a...
   a. un ejecutivo de un banco en Nueva York.
   b. un terapeuta físico mientras trata a un paciente.
   c. un maestro de primaria.
4. Se describe a...
   a. un dentista que está hablando con un paciente.
   b. una secretaria en horas de oficina.
   c. un bebé a la hora del desayuno.
5. Se describe a...
   a. una periodista que está entrevistando a un político.
   b. un estudiante durante la ceremonia de graduación.
   c. una atleta después de un partido.

UN VISTAZO La casa de las guayaberas

A continuación aparece el anuncio de un lugar donde se vende ropa para hombres. ¿Puedes deducir lo que significa **guayabera**?
- ☐ Es un tipo de camisa.
- ☐ Es un tipo de pantalones.
- ☐ Es un tipo de zapatos.

LA CASA DE LAS GUAYABERAS

SASTRERIA Ramón Puig

La calidad siempre se impone, no puede improvisarse. Es el producto de una laboriosa experiencia.
— Ramón Puig

NO ES DIFICIL SER FIEL CUANDO SE ENCUENTRA LO PERFECTO

NAROCA PLAZA -
5840 S.W. 8th St. -
MIAMI, FLORIDA 33144

[a] *tailoring, tailor's shop*

Si dijiste que la guayabera es un tipo de camisa, acertaste (*you were correct*). Es una camisa como la que lleva puesta y también como la que tiene en la mano el hombre en el anuncio. Es una camisa muy típica entre los hombres de los países caribeños. ¿Has visto este tipo de camisa en las tiendas donde tú compras la ropa?

Actividad D ¿Cierto o falso?

Paso 1. Estudia las demás palabras y expresiones nuevas en el **Vocabulario útil** de **Para expresarse**. Luego indica si las oraciones son ciertas o falsas.

	CIERTO	FALSO
1. El cuero es un producto sintético.	☐	☐
2. El cuero se usa mucho para fabricar (*produce*) zapatos.	☐	☐
3. El tacón es parte de los zapatos.	☐	☐
4. Los tacones altos son recomendables para correr.	☐	☐
5. Las camisetas suelen ser de algodón o de algodón mezclado (*mixed*) con otra fibra.	☐	☐
6. No existen zapatos de algodón.	☐	☐
7. La lana es una tela que se hace con fibras de plantas.	☐	☐
8. Las prendas hechas de lana se pueden lavar como las de otras telas.	☐	☐
9. La ropa de seda suele ser más cara que la de poliéster.	☐	☐
10. La seda tiene su origen en el Oriente.	☐	☐

Paso 2. Ahora escucha la cinta para verificar tus respuestas.

Actividad E Definiciones
Escucha las definiciones y di cuál de las palabras a continuación se define. Las respuestas se darán en la cinta.

bluejeans	corbata	lana	tela
calcetines	chaqueta	falda	vestido

1... 2... 3... 4... 5... 6...

*Actividad F Una conversación

Paso 1. Escucha la conversación entre dos personas y luego contesta las siguientes preguntas sobre las ideas generales.

1. ¿Dónde estarán María y Raquel?
    a. ☐ en un centro comercial (*mall*)
    b. ☐ en la universidad
    c. ☐ en casa, hablando por teléfono
2. ¿Están contentas las dos mujeres?
    a. ☐ sí
    b. ☐ no
    c. ☐ María está bien, pero Raquel está molesta.
    d. ☐ Raquel está bien, pero María está molesta.

Paso 2. Ahora vas a contestar unas preguntas específicas. Si necesitas escuchar la cinta de nuevo, está bien.

1. ¿Qué necesita Raquel? _____

2. ¿Qué busca María? _____

3. ¿Qué le recomienda Raquel a María? Le recomienda que compre _____

    porque iría muy bien con _____ de _____.

140 Unidad seis Hacia el futuro

UN VISTAZO   Otro tipo de sonrisa (*smile*)

*Actividad optativa   El hombre moderno

Paso 1.   Mira la foto que acompaña el artículo «La sonrisa interior». ¿De qué prenda de ropa se va a hablar en el artículo? Busca la palabra equivalente a *men's shorts* en el primer párrafo.

VOCABULARIO ÚTIL
desenfadada   *carefree*
jocoso   *humorous*

Paso 2.   Vuelve a leer el primer párrafo, ¿cuál es la idea principal de este artículo?

a. ☐ que los calzoncillos deben ser cómodos y que los *boxers* son los más cómodos de todos
b. ☐ que los calzoncillos modernos ofrecen una variedad de estilos y colores
c. ☐ que los calzoncillos revelan algo de la personalidad de los hombres, algo que la ropa exterior oculta (*hides*)

Paso 3.   Lee el resto del artículo para verificar tus respuestas en el **Paso 2**.

VOCABULARIO ÚTIL: se pone más de moda   *becomes more fashionable*

HM HABLA DE...
LA SONRISA INTERIOR

Debajo de ese traje conservador de franela gris, esa clásica camisa blanca y la corbata que tía Dolores le regaló con motivo de su onomástico, se esconde la más divertida de las ropas interiores. Detrás de la fachada severa y seria, se oculta el color, la alegría, la despreocupación, el sentido del humor. ¿Creería usted que un ejecutivo importante participa en una reunión de negocios llevando en su interior la desenfadada imagen del Ratón Mickey? El caso es más frecuente de lo que uno se imagina... Con los calzoncillos tipo "boxer" el hombre moderno manifiesta su personalidad más jocosa y juvenil, su optimismo y su fantasía.

Hemos recogido varias opiniones acerca de este tipo de prenda íntima que cada día se pone más de moda. Dice una psicóloga: "El hombre que usa calzoncillos extravagantes posee un lado extrovertido en su personalidad, que apenas si ocultan su traje y su corbata". Una ejecutiva de cuentas declara: "Los *boxer* son mucho más masculinos". Un estudiante de arquitectura: "Con estos calzoncillos se puede pasear por casa sin parecer indecente". La mayoría de las mujeres los considera muy sexys y la mayoría de los hombres aprecia el sentido de libertad que da su uso así como la posibilidad que ofrecen de sonreír a escondidas. **HM**

Vestirse and ponerse

The verb **vestirse** is a true reflexive meaning, literally: *to dress oneself*. Thus if you say

Me visto rápidamente por la mañana.

the English equivalent is *I get dressed quickly in the morning,* but what you are literally saying is *I dress myself quickly in the morning.* To talk about what you dress *in* or what you put *on* you need to use the verb **ponerse**.

> PANCHO: Para ir a clase suelo **ponerme** sudadera.
> ALEJANDRO: Huy, ¡qué horror! Eso es muy informal. Yo **me pongo** pantalones y camisa.

Actividad G ¿Qué te pones para...?

Paso 1. Indica con qué frecuencia te pones cada prenda de ropa.

Para ir a clase...	SIEMPRE	CON FRECUENCIA	RARAS VECES	NUNCA
1. me pongo pantalones y camisa (blusa).	☐	☐	☐	☐
2. me pongo sudadera y camiseta.	☐	☐	☐	☐
3. me pongo chaqueta de cuero.	☐	☐	☐	☐
4. me pongo bluejeans y una camisa, camiseta o blusa.	☐	☐	☐	☐
5. me pongo un traje o vestido.	☐	☐	☐	☐
Para una cita (*date*)...				
6. me pongo pantalones y camisa.	☐	☐	☐	☐
7. me pongo sudadera y camiseta.	☐	☐	☐	☐
8. me pongo chaqueta de cuero.	☐	☐	☐	☐
9. me pongo bluejeans y una camisa, camiseta o blusa.	☐	☐	☐	☐
10. me pongo un traje o vestido.	☐	☐	☐	☐

Paso 2. ¿Qué prenda de ropa te pones con frecuencia que no está en la lista del **Paso 1**?

Me pongo _____ con frecuencia.

❖ **Para entregar** Preguntas

Paso 1. Convierte las oraciones de la actividad anterior en preguntas que le podrías hacer a un compañero (una compañera) de clase.

> MODELOS: Para ir a clase, ¿con qué frecuencia te pones ____?
>
> Para una cita, ¿con qué frecuencia te pones ____?

Luego, llama por teléfono a esa persona y hazle las preguntas. O, haz una cita* con esa persona para hablar con él o ella. Anota sus respuestas.

Paso 2. En una hoja aparte, escribe diez oraciones en que comparas lo que te pones con lo que se pone la persona con quien hablaste en el **Paso 1**.

> MODELOS: Para ir a clase, me pongo pantalones y camisa con frecuencia, pero Pablo no.
>
> Para ir a clase, nunca me pongo sudadera, ni tampoco Pablo.

---

*Recuerda que una cita no tiene que ser romántica. Una cita puede ser una reunión entre dos amigos o puede ser la hora particular en que tienes que ver al doctor, a la profesora, etcétera.

IDEAS PARA EXPLORAR
DENTRO DE UNOS AÑOS...

PARA EXPRESARSE ¿CÓMO SERÁN NUESTRAS VIDAS?

The Simple Future Tense

Languages have a variety of ways of expressing events that have not yet happened. For example, English uses *going to* and Spanish uses **ir a.**

    Roberto **va a graduarse** pronto.   *Roberto is going to graduate soon.*

There are also phrases to express planning for and hoping for events in the future. Here are examples in Spanish with their English counterparts:

    María **piensa ser** médica.   *María is thinking about being a doctor.*
    Juan **espera tener** mucho éxito.   *Juan hopes to be very successful.*

In Spanish, the present tense may also be used to express future events, particularly those that are in the immediate future. The English equivalent is sometimes expressed in the simple present tense, and at other times it is expressed with an *-ing* form of the verb.

    Tengo un examen mañana.   *I have an exam tomorrow.*
    Salgo de vacaciones este fin de semana.   *I'm leaving for vacation this weekend.*

In many languages, there is also a simple future tense. In English the future tense uses the modal *will* as in *Soon he will finish his courses.* Spanish also has a simple future tense. It is formed by adding endings to infinitives. First, let's look at third-person singular and plural, in which **-á** and **-án**, respectively, are added to the infinitive.

	graduarse	**ser**	**vivir**
él/ella	se graduará	será	vivirá
ellos/ellas	se graduarán	serán	vivirán

The meaning of these forms is roughly equivalent to the English simple future tense; for example, **se graduará** = *he/she will graduate.* Later, you will learn some other uses of the future.

Certain verbs have irregular stems in the future tense, but the endings are regular.

    poder   podrá, podrán
    salir   saldrá, saldrán
    tener   tendrá, tendrán
    hacer   hará, harán

Other verbs with irregular stems in the future tense include

    querer (querr-)   saber (sabr-)   poner (pondr-)   venir (vendr-)   decir (dir-)

The future form for **hay** is **habrá.**

*Actividad A Asociaciones   Listen as the speaker makes a statement. Write that statement in the blank. Then choose from the list below the person whose future is most logically described by the statement. ¡OJO! In some cases, more than one person may be a possibility.

a. José Blanco, quien quiere ser veterinario
b. María González, quien quiere ser periodista
c. Alejandra Iturribe, quien quiere ser psiquiatra
d. Martín Iglesias, quien quiere ser astrónomo

POSIBLE(S) PERSONA(S)

1. _____   _____
2. _____   _____
3. _____   _____
4. _____   _____
5. _____   _____
6. _____   _____
7. _____   _____
8. _____   _____
9. _____   _____

Actividad B Una pareja

Paso 1.   Read the description of Federico and Ruth. Then indicate whether you think the statements made about them afterward are likely or not.

> Federico y Ruth, un matrimonio, casados por cuarenta años
> Él tiene 62 años y ella tiene 61 años. Sus hijos tienen entre 32 y 40 años y ninguno vive con Federico y Ruth. Federico es profesor y Ruth es una terapeuta física.

	PROBABLE	IMPROBABLE
1. Tendrán otros hijos.	☐	☐
2. Se jubilarán pronto.	☐	☐
3. Venderán su casa y comprarán una más pequeña.	☐	☐
4. Comenzarán nuevas carreras.	☐	☐
5. Podrán dedicar más tiempo a sus pasatiempos favoritos.	☐	☐

Paso 2.   Now listen to the speaker on the tape and see if you agree.

UN VISTAZO   Un anuncio

Mira el siguiente anuncio. Luego contesta la pregunta.

"Papá, si a ti te pasa algo, qué nos pasará a nosotros?"

¿Qué tipo de compañía usaría un anuncio como éste?
- a. ☐ una compañía que fabrica (*makes*) automóviles
- b. ☐ una compañía de telecomunicaciones
- c. ☐ una compañía de seguros (*insurance*)

More on the Future Tense: *yo* and *nosotros/as*

The forms for the simple future tense of first-person singular and plural add **-é** and **-emos** to the infinitive. Again, some common verbs have irregular stems.

	graduarse	ser	vivir
yo	me graduaré	seré	viviré
nosotros/as	nos graduaremos	seremos	viviremos

Lección 18 ¿Qué nos espera en el futuro?

poder	podré, podremos	tener	tendré, tendremos
querer	querré, querremos	venir	vendré, vendremos
saber	sabré, sabremos	decir	diré, diremos
poner	pondré, pondremos	hacer	haré, haremos
salir	saldré, saldremos		

Actividad C Otra persona y yo

Paso 1. Indicate what you think you will do in the future.

☐ Me graduaré temprano.
☐ Viviré en este estado.
☐ Me casaré y tendré varios hijos.
☐ Haré un viaje a Latinoamérica.
☐ Trabajaré en una oficina.
☐ Me jubilaré antes de los 65 años.

Paso 2. Now listen to the speaker make statements about himself. Of the events in **Paso 1**, which does he say that he will do? You may wish to take some notes here.

_____

_____

_____

Paso 3. Indicate which of the following apply to both you and the speaker you listened to in **Paso 2**.

Los dos...
☐ nos graduaremos temprano.
☐ viviremos en este estado.
☐ no nos casaremos y no tendremos hijos.
☐ haremos un viaje a Latinoamérica.
☐ trabajaremos en una oficina.
☐ nos jubilaremos antes de los 65 años.

*Actividad D Una conversación

Paso 1. Listen to the conversation between two people, Ana and Rogelio. You may listen more than once if you want.

Paso 2. Of the two people, who might say the following as the conversation continues?

	ANA	ROGELIO
1. «Comenzaré en una semana.»	☐	☐
2. «Vamos a celebrar la noticia. Iremos a cenar a un restaurante especial.»	☐	☐
3. «No te preocupes si tienes que trabajar unas horas más cada día. Todo saldrá bien.»	☐	☐
4. «Tendré más responsabilidades, pero no me molesta.»	☐	☐

Paso 3. Listen to the last line of the conversation once again. Based on what Ana says, what do you think the relationship is between her and Rogelio?

☐ Son hermanos.   ☐ Son esposos.   ☐ Son amigos.   ☐ Son jefe y empleada.

UN VISTAZO Hablar francés

Libertad le hace un desafío (*challenge*) a Manolo. ¿Cómo responde él?

VOCABULARIO ÚTIL

¿a ver?	*let's see, show me*
¡dale!	*get on with it!*
traductor(a)	*translator*

Actividad optativa Jamás podré...

Manolo dice que jamás podrá hablar francés sin entender el problema que le ha planteado Libertad. ¿Qué cosas crees que jamás podrás hacer tú? Inventa dos oraciones y luego compártelas con un amigo o una amiga en la próxima clase o llama a alguien por teléfono para compartirlas.

MODELO: Jamás podré entender la estadística.

Jamás podré ganar cien puntos jugando al boliche.

UN VISTAZO Otro avance

A continuación hay otro avance tecnológico del futuro. Lee el texto rápidamente.

VOCABULARIO ÚTIL

burbuja	*bubble*
fijas	*inmóviles*
pantalla	*screen*

Lección 18 ¿Qué nos espera en el futuro? 147

TECNOGIMNASIA. La informática invadirá también los gimnasios del futuro. Las tradicionales bicicletas fijas y las cintas sin fin serán sustituidas por versiones computerizadas. Los nuevos modelos de bicicletas llevarán un monitor de televisión para que el deportista compita con otro corredor que aparece en la pantalla. Además, el monitor le irá indicando la evolución de su frecuencia cardiaca, su capacidad respiratoria y su actividad muscular, hasta que encuentre el entrenamiento perfecto. Algunos gimnasios se especializarán en la gimnasia mental y dispondrán de una máquina para cada necesidad: contra el estrés, para aumentar el coeficiente intelectual o para superar la timidez. Máquinas relajantes como la burbuja de aislamiento sensorial o el sincroenergizador ya existen en los gimnasios españoles.

Tecnogimnasia.
La tecnologia inundará los gimnasios con los aparatos más sofisticados. Se podrá, incluso, practicar el surf sobre un simulador informatizado.

---

*Actividad optativa La tecnogimnasia

Paso 1. ¿Has captado las ideas más importantes? Contesta cada pregunta y luego verifica las respuestas en el apéndice.

1. ¿En qué serán diferentes los aparatos de la tecnogimnasia de los actuales?
   a. ☐ Serán más rápidos.
   b. ☐ Serán computerizados.
   c. ☐ Serán más seguros (*safe*).

2. ¿Qué rasgo de la tecnogimnasia se introducirá que ahora no existe?
   a. ☐ los deportes electrónicos
   b. ☐ la gimnasia mental
   c. ☐ el robot competidor

Paso 2. Vuelve al artículo y pon un círculo alrededor de cada verbo que está en el futuro simple. ¿Puedes dar el infinitivo de esos verbos?

Paso 3. ¿Cuáles de estas oraciones se aplican a ti?

Probablemente...
  ☐ usaré mucho la tecnogimnasia.
  ☐ usaré poco la tecnogimnasia.
  ☐ nunca usaré la tecnogimnasia.
  ☐ usaré la gimnasia mental pero no la otra.

More on the Future Tense: *tú, Ud., vosotros/as, Uds.*

The forms of the simple future for **tú, Ud., vosotros/as,** and **Uds.** are as follows:

	graduarse	ser	vivir
tú	te graduarás	serás	vivirás
Ud.	se graduará	será	vivirá
vosotros/as	os graduaréis	seréis	viviréis
Uds.	se graduarán	serán	vivirán

Again, some common verbs have irregular stems in these forms in the simple future.

poder	podrás, podrá, podréis, podrán	tener	tendrás,...
querer	querrás,...	venir	vendrás,...
saber	sabrás,...	decir	dirás,...
poner	pondrás,...	hacer	harás,...
salir	saldrás,...		

*Actividad E Unas preguntas

Paso 1. Read the following questions.

a. ¿Buscarás empleo en seguida?
b. ¿Cuándo terminarás tus estudios aquí?
c. ¿Te quedarás en San Antonio?
d. ¿En qué trabajarás?

Paso 2. Insert the questions from **Paso 1** in the appropriate places in the following conversation.

ÁNGELA: Mira, Miguel, tengo que hacer una tarea para mi clase de español. ¿Me puedes contestar algunas preguntas?

MIGUEL: Si quieres.

ÁNGELA: Gracias. _____ 1

MIGUEL: En un año y medio.

ÁNGELA: _____ 2

MIGUEL: ¡Claro! Para eso estudié, ¿no?

ÁNGELA: _____ 3

MIGUEL: Me gustaría diseñar programas nuevos para los Macintosh.

ÁNGELA: _____ 4

MIGUEL: No lo creo. Probablemente volveré a Houston.

ÁNGELA: Gracias. ¡Eso es todo!

❖ Para entregar El profesor (La profesora) y yo

Paso 1. Think about what you will do during the next summer break. On a separate sheet of paper, list at least six specific things you plan to do.

MODELO: Primero, iré a visitar a unos amigos en California.

Lección 18 ¿Qué nos espera en el futuro? 149

Paso 2. Make a list of six specific things that you think your instructor will do next summer. Remember to choose **tú** or **Ud.** depending on your relationship with your instructor.

MODELO: Ud. irá a México para hacer una investigación.

Paso 3. Look at the two lists and see if you can make some general statements about what you and your instructor will do. Will you both be busy? Will you both have a lot of free time? Will you both be able to relax? and so on. Write at least four statements telling what you will or will not do in common.

MODELO: Los dos haremos un viaje, pero yo iré a California mientras Ud. irá a México.

Vamos a ver
Inventando el futuro

Please complete the **Vamos a ver** worksheet at the end of the lesson and turn it in to your instructor.

Vamos a ver
Automóviles inteligentes

Please complete the **Vamos a ver** worksheet at the end of the lesson and turn it in to your instructor.

Ideas para explorar
Las posibilidades y probabilidades del futuro

PARA EXPRESARSE ¿ES PROBABLE? ¿ES POSIBLE?

Using the Subjunctive to Express Conjecture or Doubt

Very often, speakers make observations about the truth or certainty of something. Statements such as "It's evident that . . ." can be used to affirm truth. As you have seen in your textbook, expressions such as **Es probable que** and **Es posible que** require that the verb of the embedded sentence be in the subjunctive.

Es probable que los autos del futuro **sean** inteligentes.
Es posible que los avances tecnológicos **puedan** mejorar la calidad de la vida.

When the main part of a sentence expresses doubt or uncertainty (i.e., a lack of affirmation) about the truth of an event in an embedded sentence, the subjunctive is used in the embedded sentence. The doubt or uncertainty may be strong or weak.

Dudo que	(strong)
No me parece que	(weaker)
Es imposible que	(very strong)

Which of the following phrases are used to express doubt, uncertainty, or a general inability to affirm the truth of information that might follow?

1. No creo que
2. Es dudoso que
3. Es cierto que
4. No es cierto que
5. No es probable que
6. Es seguro que
7. Me parece imposible que
8. Me parece verdad que

If you answered that items 1, 2, 4, 5, and 7 express some degree of doubt, uncertainty, or lack of affirmation of an event, then you are on the right track. Remember that **Me parece que** means *It seems to me that* or *I think that*. This is an affirmation, so the indicative will follow. When negated, **No me parece que**, the result is a lack of affirmation and the subjunctive will follow.

*Actividad A Posibilidades personales For each set of circumstances listed, select one element each from the left and right columns to make a statement that's true for you. Remember that any kind of affirmation (strong or weak) will call for the indicative in the embedded clause. Any lack of affirmation will call for the subjunctive to appear.

1. ☐ Creo que...
   ☐ Dudo que...

   ☐ me graduaré con honores.
   ☐ me gradúe con honores.

2. ☐ Me parece cierto que...
   ☐ No me parece cierto que...

   ☐ mis amigos de ahora sean mis amigos en el futuro.
   ☐ mis amigos de ahora serán mis amigos en el futuro.

3. ☐ Es seguro que...
   ☐ Es poco probable que...

   ☐ vaya a poder encontrar un puesto al graduarme.
   ☐ voy a poder encontrar un puesto al graduarme.

4. ☐ No dudo que...
   ☐ Dudo que...

   ☐ estudiaré más español en el futuro.
   ☐ estudie más español en el futuro.

5. ☐ Me parece muy cierto que...
   ☐ No creo que...

   ☐ vaya a tener una casa grande y moderna en diez años.
   ☐ tendré una casa grande y moderna en diez años.

*Actividad B Una conversación con dudas

Paso 1. Listen as two men have a brief conversation before being interrupted by someone.

Paso 2. Which of the following expresses the main idea of the conversation you heard?

a. ☐ Hablan de la promoción de uno de ellos.
b. ☐ Hablan de la promoción de otra persona.

Paso 3. According to what you heard, make the best selection to answer each question. You may listen again if you need to.

1. ¿Quién duda qué?
   a. ☐ Roberto duda que Tonio sea apropiado para el puesto.
   b. ☐ Jorge duda que Tonio sea apropiado para el puesto.
   c. ☐ Los dos dudan que Tonio sea apropiado para el puesto.
2. ¿Qué duda Jorge específicamente?
   a. ☐ Duda que Tonio tenga la personalidad para ser director.
   b. ☐ Duda que Tonio tenga la habilidad para ser director.

Actividad C La clase de español

Paso 1. Using **Me parece** and **No me parece**, practice making observations orally about your Spanish class. Be sure to invent two final observations as indicated by the blank line at the bottom of each list.

Me parece que...
- ☐ hay demasiado (*too much*) trabajo.
- ☐ mis compañeros siempre están preparados.
- ☐ todas las lecturas son interesantes.
- ☐ el español debe ser un requisito para todos.
- ☐ voy a sacar una buena nota en la clase.
- ☐ el profesor (la profesora) nos conoce bien.
- ☐ _____

No me parece que...
- ☐ haya demasiado trabajo.
- ☐ mis compañeros siempre estén preparados.
- ☐ todas las lecturas sean interesantes.
- ☐ el español deba ser un requisito para todos.
- ☐ vaya a sacar una buena nota en la clase.
- ☐ el profesor (la profesora) nos conozca bien.
- ☐ _____

Paso 2. Call someone from your class and read your statements. Then listen to his or her statements. Are you in general agreement?

❖ **Para entregar** Más sobre la clase de español Using the two lists from the previous activity, write a short composition in which you make your observations about the class. Here are some suggestions for making your composition a good one.

1. To add variety, you may want to replace **Me parece que...** and **No me parece que...** at certain points with expressions that perform the same functions: **Es cierto que... No es cierto que... ; Creo que... No creo que...** ; and so on.
2. Remember to use connector words to make your paragraph flow. Some connector words you might consider are **también, tampoco, en cambio,** and **sin embargo.**
3. Think about how you will order the information: Will you use affirmations first, followed by nonaffirmations, or nonaffirmations first, or a mixture of affirmations and nonaffirmations depending on the flow?
4. When you finish writing, edit your composition for the correct use of the subjunctive.

Feel free to make minor adjustments in the statements taken from the previous activity. (Note: You may want to leave out any comments about your instructor unless they are all affirmations of good work!)

Una nota de los autores

Querido/a estudiante,

Los autores del libro de texto y del manual de *¿Sabías que...?* esperamos que hayas disfrutado (*enjoyed*) mucho de estas lecciones. Ha sido un placer para nosotros poder realizar este trabajo para ti. Si te ha gustado la clase de español, estaremos contentos. Y si también crees que has aprendido mucho, ¡estaremos aun más contentos! Ojalá (*We hope that*) todos tus deseos y sueños se realicen y que tengas éxito (*success*) en el futuro tanto en tu vida personal como en tu profesión.

Saludos de

Bill VanPatten	Bill VanPatten
James F. Lee	James F. Lee
Terry L. Ballman	William R. Glass
Trisha Dvorak	Donna Deans Binkowski
Autores de *¿Sabías que...?*	Autores del *Manual que acompaña ¿Sabías que...?*

Nombre _____ Fecha _____ Clase _____

Vamos a ver: Inventando el futuro (page 150)

Anticipación

Paso 1. En un momento vas a escuchar hablar sobre los inventos para el futuro que se están haciendo en el Laboratorio de los Medios de Comunicación del Instituto de Tecnología de Massachusetts. Sabiendo el nombre del centro, ¿sobre cuáles de los siguientes temas crees que se va a hablar?

a. automóviles
b. casas
c. teléfonos
d. hologramas (modelos tridimensionales)
e. computadoras
f. periódicos
g. ropa
h. robots
i. psicología

Paso 2. Escucha la cinta para ver si los temas que escogiste en el **Paso 1** se mencionan. No es necesario prestar atención a los detalles.

Exploración

Paso 1. Vuelve a escuchar la cinta, pero esta vez escucha solamente la parte que trata de la creación de periódicos personales. Después de escuchar esta parte, da la información pedida.

Las computadoras y los periódicos personales

La computadora...

1. recuerda _____
2. selecciona _____
3. combina _____

Paso 2. Ahora escucha la parte donde se habla de la modificación de vídeos y da la información pedida.

Las computadoras y la modificación de vídeos

1. La computadora podrá sustituir _____
2. Será posible cambiar un actor por _____

Paso 3. Ahora escucha la parte donde se habla de los robots. Luego da la información pedida.

Los robots del futuro

1. ¿Qué capacidad tendrán? _____
   _____

2. ¿En qué situaciones serán útiles estos robots? _____

Paso 4. Ahora escucha la parte dónde se habla de los hologramas. Toma apuntes relacionados con lo siguiente:

definición del holograma individual _____

características _____

utilidad _____

Lección 18   ¿Qué nos espera en el futuro?

Síntesis

Usando los apuntes y respuestas de **Exploración,** escribe un párrafo sobre cada uno de los cuatro temas de la charla. No escuches la cinta otra vez. Debes trabajar sólo con la información que ya tienes.

_____
_____
_____
_____
_____
_____
_____
_____
_____

Nombre _Meikle Andrews_ Fecha _____ Clase _Español_

Vamos a ver: Automóviles inteligentes (page 150)

Anticipación

Paso 1. Vas a escuchar hablar sobre «los automóviles inteligentes» del futuro. Antes de escuchar, mira la foto a continuación y lee la información al pie.

Los autos inteligentes del futuro podrán indicar en un mapa electrónico dónde se encuentra el auto, cómo está el tráfico y otra información que le servirá al conductor para elegir las rutas más eficaces.

Basándote en esta foto, ¿cuál crees que va a ser el mayor avance en los autos del futuro?

a. ☐ Serán más pequeños.
b. ☐ Usarán energía solar en vez de gasolina.
c. ☐ Serán totalmente computadorizados.

Paso 2. Mira la foto una vez más. ¿Dónde se encuentra la pantalla (*screen*) en que se proyecta el mapa?

La pantalla se encuentra en...

a. ☐ el tablero (*dashboard*).
b. ☐ el parabrisas (*windshield*).
c. ☐ el volante (*steering wheel*).

Paso 3. Piensa un momento. ¿Qué otra información se encuentra en un tablero típico de los autos de hoy? Si fuera posible, ¿sería beneficioso cambiar de lugar esta información? Es decir, ¿sería beneficioso proyectar o incluir la información de alguna manera en el parabrisas?

Lección 18 ¿Qué nos espera en el futuro?

Exploración

📼 Paso 1. Escucha la cinta ahora. No te preocupes por los detalles en este momento.

Paso 2. ¿Qué capacidades tendrán los carros inteligentes, según la cinta?

	SÍ	NO
1. Podrán evitar embotellamientos (*traffic jams*) y accidentes.	☐	☐
2. Tendrán televisores y teléfonos.	☐	☐
3. Responderán a la voz humana.	☐	☐
4. Podrán detectar la velocidad de otros carros y el estado de la carretera.	☐	☐

📼 Paso 3. Escucha la cinta otra vez. Esta vez trata de tomar apuntes de lo que oyes. A continuación hay cuatro temas principales bajo los cuales podrás hacer tus anotaciones. Trata de incluir los detalles pero no debes copiar oraciones. Escribe palabras clave (*key words*) o frases que te ayudarán a recordar información más tarde. Puedes escuchar sección por sección si quieres. Tambien puedes escuchar más de una vez.

Tema 1: Mapas electrónicos _____
_____
_____

Tema 2: Tablero contra parabrisas _____
_____
_____

Tema 3: Análisis de otros autos _____
_____
_____

Tema 4: Análisis del conductor _____
_____
_____

Síntesis

Utilizando la información obtenida en **Exploración**, indica si cada uno de los cuatro avances habla de la capacidad de hacer el viaje en auto más agradable o más seguro. Explica cómo cada avance ayuda a la comodidad o la seguridad del viaje.

TIPO DE AVANCE	CÓMO AYUDA
un viaje más cómodo	
un viaje más seguro	
análisis del conductor	

APPENDIX

LECCIÓN 10
¿QUÉ INGREDIENTES TIENEN LOS ALIMENTOS PREPARADOS?

LA SAL ESTA EN OTRAS.

Y NO EN CASERA.

In this lesson, in addition to reviewing and practicing what you have learned in your textbook, you will

- hear a Spanish speaker talk about modern food production methods and their relationship to health
- hear someone telling you "**Dile** *no* **al azúcar**" and why
- learn more about indirect object pronouns and their uses

IDEAS PARA EXPLORAR
RECETAS

PARA EXPRESARSE ¿CÓMO SE PREPARA?

Understanding Recipes; Food Preparation

Salsa picante

1 taza de cebolla
3 tomates cortados
3 chiles picantes
cilantro
sal

Preparación

1. Picar la cebolla y freírla en una cacerola con mantequilla.
2. Licuar los chiles y añadirlos a la cacerola.
3. Licuar los tomates y añadirlos a la cacerola.
4. Hervir la salsa unos minutos.
5. Añadir sal al gusto.
6. Quitar del fuego. A la hora de servir, decorar con cilantro fresco.

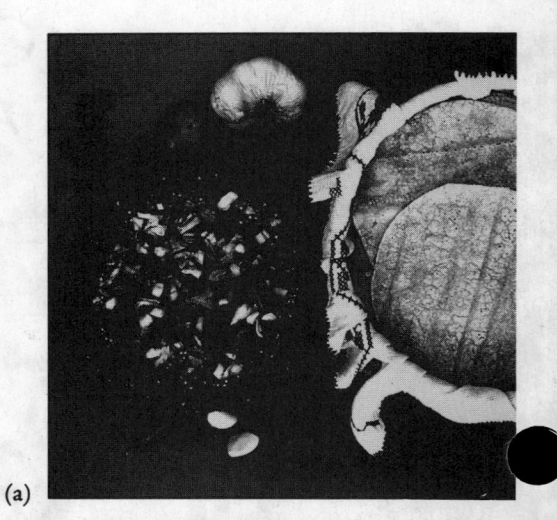

(a)

Arepas venezolanas

Ingredientes

1 taza de harina de maíz (*corn flour*)
Relleno (de carne de res u otra carne)
Sal al gusto

Preparación

1. Agregar lentamente 1 ½ tazas de agua tibia (no fría) a la harina y amasar hasta hacer una masa compacta. Dejar reposar la masa unos cinco minutos.
2. Separar porciones iguales de la masa y darles forma redonda. Colocarlas al horno, plancha o sartén previamente calentado y engrasado. Darles vuelta de vez en cuando hasta obtener el cocimiento deseado.
3. Sacar las arepas y envolverlas en una toalla de cocina (*kitchen towel*). Servirlas calientes con el relleno deseado.

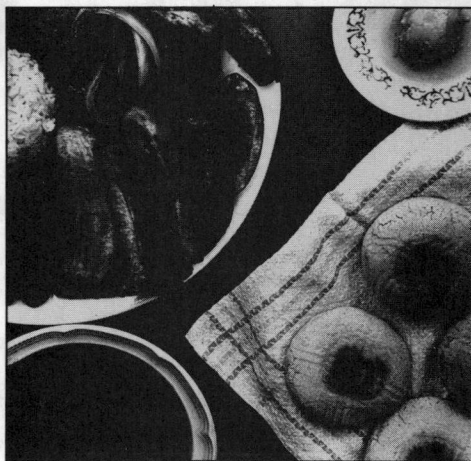

(b)

Vocabulario útil

agregar (gu)	?	**calentar (ie)**	to heat
al gusto	according to taste	**la cebolla**	onion
amasar	to knead	**cocer (ue) (z)**	to cook
añadir	to add	**cortar**	to cut
batir	to beat, whip (*food*)	**cuajar**	?
la cacerola	sauce pan		

160 Unidad tres A la hora de comer

Arroz con pollo

Ingredientes

1 muslo (*thigh*) de pollo asado
1 cucharadita de mantequilla o margarina
4 tazas de arroz hervido
sal, cebollín (*green onion*)

Preparación

1. Deshuesar (*Debone*) el pollo y cortarlo al gusto.
2. Calentar la mantequilla o margarina en una sartén. Añadir la carne de pollo.
3. Agregar el arroz y sacudir de vez en cuando la sartén para distribuir el calor.
4. Sazonar con sal y cebollín picado.

(c)

Tortilla española

Ingredientes

2 patatas
6 huevos
1 cebolla
sal
1 cucharada de aceite de oliva

Preparación

1. Pelar las patatas y cortarlas en rodajas.
2. Calentar el aceite en una sartén y luego freír las patatas.
3. Picar la cebolla y agregarla a las patatas.
4. Batir los huevos con sal (al gusto) y echarlos sobre las patatas.
5. Dejar cocer hasta que cuaje.
6. Dar vuelta a la sartén sobre un plato y repetir el paso 5.

(d)

darle vuelta	to turn (*something*)	sacudir	to shake
freír (i, i) (*irreg.*)	?	la sal	salt
el fuego	fire	la sartén	frying pan
hervir (ie, i)	to boil	sazonar	to season
licuar	to blend (*in a blender*)		
picar (qu)	?		

Lección 10   ¿Qué ingredientes tienen los alimentos preparados?   **161**

***Actividad A** Definiciones   Escoge la respuesta que mejor corresponda a la descripción en cada caso. Marca la letra de la respuesta correcta.

> MODELO: Es un aparato que se utiliza para calentar la comida.
> a. la licuadora   (b.) el horno   c. el agua tibia

1. Es un alimento que se hace con harina de maíz y agua.
   a. la masa   b. el pollo   c. la salsa picante
2. Es una sustancia dulce que se usa en los postres.
   a. la nuez   b. la mostaza   c. el azúcar
3. Es un aparato que se utiliza para batir, licuar y picar.
   a. la licuadora   b. la sartén   c. la cacerola
4. Es lo que hace el agua cuando está muy caliente.
   a. licuar   b. hervir   c. freír
5. Es una verdura que puede ser roja o verde. A veces es picante.
   a. el huevo   b. el chile   c. el champiñón
6. Es un sinónimo de **agregar**.
   a. añadir   b. batir   c. darle vuelta
7. Es la acción de cortar en pedazos pequeños.
   a. echar   b. sacudir   c. picar
8. Es la acción de agregar ingredientes como la sal y la pimienta a un plato.
   a. sazonar   b. cocer   c. cuajar

Actividad B ¿*Cierto* o *falso*?   Vas a escuchar una serie de afirmaciones sobre los ingredientes de las recetas de la sección **Para expresarse**. Di si la afirmación es cierta o falsa en cada caso.

> MODELO: (oyes):   Los ingredientes principales de las arepas venezolanas son la harina de maíz y el relleno. ¿Cierto o falso?
> (dices):   Cierto.
> (oyes):   Es cierto. Los ingredientes principales de las arepas venezolanas son la harina de maíz y el relleno.

1... 2... 3... 4... 5... 6... 7... 8...

Actividad C ¿*Cierto* o *falso*?   Vas a escuchar una serie de afirmaciones sobre la preparación de las recetas de la sección **Para expresarse**. Di si la información es cierta o falsa en cada caso.

> MODELO: (oyes):   Para preparar las arepas venezolanas necesitas un horno. ¿Cierto o falso?
> (dices):   Cierto.
> (oyes):   Es cierto. Para preparar las arepas venezolanas necesitas un horno.

1... 2... 3... 4... 5... 6... 7...

Actividad D ¿Tienes buena memoria?   Vas a escuchar una serie de preguntas sobre el vocabulario de las recetas de la sección **Para expresarse**. Di la palabra correcta en cada caso. Trata de (*Try*) contestar de memoria, sin mirar las recetas.

> MODELO: (oyes):   ¿Qué verbo describe la acción de hacer masa, **cuajar** o **amasar**?
> (dices):   **Amasar.**
> (oyes):   El verbo **amasar** describe la acción de hacer masa.

1... 2... 3... 4... 5... 6... 7... 8...

Actividad E Una receta visual Aquí tienes una serie de dibujos que identifican los pasos de una receta. Empareja los pasos con los dibujos. Luego di cómo se llama el plato.

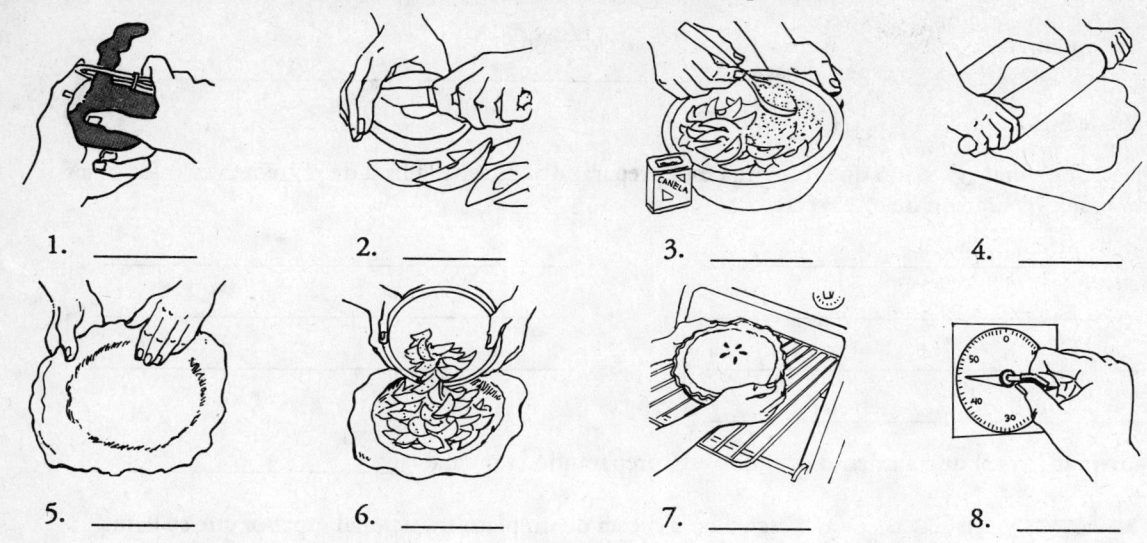

1. _____   2. _____   3. _____   4. _____

5. _____   6. _____   7. _____   8. _____

a. Se mete todo en el horno.
b. Se deja hornear por cuarenta y cinco minutos.
c. Se cortan las manzanas en trocitos no muy anchos (*wide*).
d. Se pone la masa en la cazuela.
e. Se pelan las manzanas.
f. Se agregan las manzanas a la masa ya colocada en la cazuela.
g. Se mezclan las manzanas cortadas con azúcar y canela (*cinnamon*).
h. Se prepara la masa.

Título de la receta: _____

Actividad F Conversaciones Vas a escuchar cuatro conversaciones sobre las recetas de la sección **Para expresarse**. Después de escuchar cada conversación, escoge la línea que mejor complete la conversación. Las respuestas se darán (*will be given*) en la cinta después de cada conversación.

Conversación 1. En la primera conversación, dos amigas hablan de la preparación de las arepas.

a. «Para hacer el relleno.»
b. «Para hacer la masa.»
c. «Necesitas agregar sal.»

Conversación 2. En la segunda conversación, un chico está visitando a una chica, y ella le ofrece una merienda.

a. «¿Cuáles son los ingredientes?»
b. «¿Quién la preparó?»
c. «¿Te gusta la salsa picante?»

Conversación 3. En la tercera conversación, un niño habla con su mamá de la comida que ella prepara.

a. «Pelar las patatas.»
b. «Picar la cebolla y agregársela a las patatas.»
c. «Cocerla unos minutos.»

Conversación 4. En la última conversación, la maestra de una clase de cocina le da un examen a un estudiante.

a. «Se debe freír en mantequilla en una sartén.»
b. «Se debe agregar el arroz.»
c. «Se debe sazonar con sal y cebollín picado.»

Lección 10 ¿Qué ingredientes tienen los alimentos preparados? 163

Actividad G El secreto Vas a escuchar una conversación entre un niño y su mamá. Escucha la conversación una vez y luego contesta todas las preguntas a continuación que puedas.* Si quieres, puedes escuchar la conversación varias veces.

1. La mamá está preparando algo especial para _____ .
2. ¿Es algo que le gusta al niño?   sí ☐   no ☐
3. El niño quiere adivinar (*guess*) lo que su mamá está preparando. Escribe la lista de ingredientes y los otros detalles sobre la preparación de este «secreto».

   a. _____   e. _____
   b. _____   f. _____
   c. _____   g. _____
   d. _____

4. ¿Puedes adivinar (*guess*) qué alimento es el que está preparando la mamá? _____

❖ **Para entregar** Moros y cristianos Vas a escuchar la receta de un plato tradicional español que se llama «Moros y cristianos». ¿Sabes algo de los moros y la historia de España?

Paso 1. Escucha la receta y, en una hoja de papel, copia lo siguiente y completa la lista de todos los ingredientes.

INGREDIENTES

1.
2. ½ taza de aceite de oliva
3.
4.
5. 6 dientes de ajo (*garlic*)
6.
7.
8.

Paso 2. Escucha otra vez y escribe los pasos de la preparación en la misma hoja de papel.

PREPARACIÓN

1.
2.
3.
4.
5. Tapar (*cover*) la cacerola y hervir por treinta minutos.

Paso 3. Ahora que sabes cómo se prepara el plato «Moros y cristianos», inventa un nombre más descriptivo para el plato.

---

*Puedas is the subjunctive form of puedes and is used because *all the questions that you can answer* is a projected event and cannot be specified. You will learn more about the subjunctive in **Unidad 6**.

164   Unidad tres   A la hora de comer

IDEAS PARA EXPLORAR
LO QUE SE LE AGREGA A LA COMIDA

PARA EXPRESARSE ¿LE PONES SAL A LA COMIDA?

Indirect Object Pronouns

You know that **le** and **les** can be used with many verbs to express *to (for) him, her, it, you* (**Ud.**) and *to (for) them, you* (**Uds.**), respectively. In earlier lessons you used these forms with one verb in particular, **gustar**. Remember that **gustar** means *to be pleasing*, even though you may see it translated as *like*.

    A muchos no **les** gusta ponerle sal a la comida.
    To many, putting salt on food is not pleasing. (Many people don't like to put salt on their food.)

You probably have seen and may even have tried to use the following verbs. They generally take an indirect object pronoun.

dar	¿Qué **le vas a dar** a tu mamá para su cumpleaños?
entregar	Gloria Estefan **le entregó** su primer sueldo a su mamá.
decir	¿Qué **le dices** al profesor cuando no tienes la tarea preparada?
preguntar / hacer una pregunta	Cuando no comprendes algo, ¿**le haces preguntas** a la profesora?

Have you noticed that these pronouns often are redundant? That is, **le** and **les** are used even when the person to or for whom something happens is explicitly mentioned in the sentence.

    Gloria Estefan **le** entregó **a su mamá**...

This redundancy is typical of the use of these pronouns, as you will see in the activities that follow.
    Of course, you can also use indirect object pronouns by themselves once the person referred to has been established.

    ¿Qué **le** vas a decir **a tu compañero?** —No sé. Creo que no **le** voy a decir nada.

In the second part of this interchange, the speaker uses **le** without **a mi compañero** because there was already a reference to that person in the conversation.
    As with direct object pronouns that you learned about in **Lección 5**, indirect object pronouns are placed before conjugated verbs. Remember that Spanish has flexible word order so do not mistake indirect object pronouns as the subject. For example, in the following sentence, who is asking a question of whom?

    Les pregunta **a las chicas** Manuel si tienen clase mañana.

If you said that Manuel was doing the asking and that the girls were the people asked, you were correct.
    Indirect object pronouns can also be attached to the end of an infinitive or a present participle. Remember that when a pronoun is attached to a participle, a written accent mark is added to maintain the original pronunciation of the participle.

    Manuel **tiene que preguntarles** si tienen clase mañana.
    La profesora **está hablándoles**.

Keep in mind that the direct object pronouns **me, te,** and **nos** function as indirect object pronouns as well.

Me gusta mucho la comida mexicana.
Mexican food is very pleasing to me.

Mis padres siempre **me** mandan dinero.
My parents always send me money (send money to me).

*Actividad A ¿Objeto indirecto o sujeto? (I)   Indicate who is performing the action and who the indirect object is in each statement.

MODELO: Les dicen los niños muchas mentiras (*lies*) a sus amigos…
  a. ____kids____ tell lies
  b. ____friends____ are told the lies

1. Le entrega el estudiante la tarea a su profesora.

   a. _____ gives the homework

   b. _____ is given the homework

2. Le piden sal a la mesera los clientes.

   a. _____ ask(s) for salt

   b. Salt is requested from _____

3. Nuestros abuelos nos dan muchos regalos.

   a. _____ give gifts

   b. _____ are given gifts

4. Les pregunta a los estudiantes la señora García si estudian mucho.

   a. _____ ask(s) about studying

   b. _____ is/are asked about studying

5. Me llama por teléfono mi amiga.

   a. _____ call(s)

   b. _____ is/am called

6. Les leen cuentos (*stories*) los padres a sus hijos.

   a. _____ read stories

   b. Stories are read to _____

7. Nos dijo una tontería (*silly remark*) Marta.

   a. _____ said something

   b. _____ was/were told something

8. Me prepara mi amigo una cena muy rica.

   a. _____ prepare(s) dinner

   b. Dinner is prepared for_____

9. Le compra Claudia flores a su novio.

   a. _____ buys flowers

   b. Flowers are bought for _____

10. Nos escribe Miguel una carta de España.

    a. _____ write(s) a letter

    b. _____ receive(s) a letter

Actividad B ¿Objeto indirecto o sujeto? (II) Select the picture that goes best with what the speaker says.

1. a. b.
2. a. b.
3. a. b.
4. a. b.
5. a. b.

Lección 10   ¿Qué ingredientes tienen los alimentos preparados?   167

Actividad C ¿Objeto indirecto o sujeto? (III) Keeping in mind that Spanish has flexible word order and uses the little word **a** to mark both direct and indirect objects, select the drawing that correctly captures what the sentence says.

1. A Susanita no le gusta Felipe para nada.

2. A mis padres no les gustan mis amigos. 
   a. «¡Tus amigos son brutos!»
   b. «No queremos hablar con tus padres.»

3. A los García no les gustan los Suárez. 
   a. «De acuerdo. Los García son antipáticos (*unpleasant*). No vamos a invitarlos.»
   b. «De acuerdo. Los Suárez son antipáticos. No vamos a invitarlos.»

4. Al perro no le gusta el gato.

168   Unidad tres   A la hora de comer

Actividad D Tus amigos y tú Do you and your friends do the same things for each other? Check those items in both columns that apply to you and then see if the checks are the same in both groups.

A mis amigos...
- ☐ les escribo cartas.
- ☐ les presto (*lend*) dinero.
- ☐ les digo siempre lo que pienso.
- ☐ les pido* favores sin dificultad.
- ☐ les hago caso (*pay attention*) en momentos difíciles.
- ☐ les doy† consejos (*give advice*) abiertamente.
- ☐ les compro regalos en ocasiones especiales.
- ☐ les presto ropa.
- ☐ les _____

Mis amigos...
- ☐ me escriben cartas.
- ☐ me prestan dinero.
- ☐ me dicen siempre lo que piensan.
- ☐ me piden favores sin dificultad.
- ☐ me hacen caso en momentos difíciles.
- ☐ me dan consejos abiertamente.
- ☐ me compran regalos en ocasiones especiales.
- ☐ me prestan ropa.
- ☐ me _____

Actividad E Situaciones You are in the following situations. What is your response? (Note that not all possible responses involve an indirect object.)

1. Es el cumpleaños de un amigo pero te olvidaste de felicitarlo (*you forgot to congratulate him*).
   - ☐ Le mandas (*send*) unas flores.
   - ☐ Le envías (*send*) una tarjeta (*card*) que dice «Lo siento».
   - ☐ Lo llamas por teléfono.
   - ☐ No haces nada.
2. Estás en la calle y encuentras una bolsa llena (*bag full*) de dinero.
   - ☐ Llamas a un policía que pasa y le das todo el dinero.
   - ☐ Le entregas la mitad (*half*) del dinero al policía.
   - ☐ Te quedas (*keep*) con todo el dinero.
   - ☐ Le das el dinero a una institución de caridad (*charity*).
3. Cenas en un restaurante muy elegante y el servicio es muy malo.
   - ☐ No le das propina (*tip*) a la mesera.
   - ☐ Le dices al gerente (*manager*) que no vas a volver.
   - ☐ Les dices a tus amigos que no deben cenar allí.
   - ☐ No haces nada.
4. Tus padres quieren que los visites durante las vacaciones, pero tú quieres ir a la playa.
   - ☐ Los visitas y te diviertes (*enjoy yourself*).
   - ☐ Los visitas pero no es divertido (*fun*).
   - ☐ Les dices que no puedes visitarlos.
   - ☐ Les preguntas si quieren ir a la playa.
5. Vas a una tienda para comprar ropa nueva pero descubres que dejaste el dinero en casa.
   - ☐ Le dices a la empleada que vas a volver otro día.
   - ☐ Le preguntas si aceptan tarjetas de crédito.
   - ☐ Le pides dinero prestado (*a loan*) a un amigo.
   - ☐ Sales sin comprar nada.

Para anotar

A feature of Spanish that you will see and possibly hear in class is the use of both indirect and direct object pronouns together. Note that the indirect object pronoun always precedes the direct.

¿Te piden favores tus amigos con frecuencia? —Bueno, **me los piden** pero sólo de vez en cuando.
¿Les dan a Uds. mucho trabajo los profesores? —¡**Nos lo dan** sin pensar!

---

* Do not confuse **pedir**, which means *to request* or *to ask for* (something), with **preguntar**, which means *to ask* (information).
† The verb **dar** has an irregular yo form, **doy**. The rest of its forms are regular in the present tense.

Spanish doesn't allow **le** and **les** to occur with **lo, la, los,** and **las.** Instead, **le** and **les** become **se** before **lo, la, los,** and **las** so that the combination is **se lo, se la,** and so on.

¿Les vas a decir a tus padres lo que pasó? —No, no **se lo** voy a decir. No deben saber nada de esto.

You need not practice using this construction now, but you should know that it exists.

Actividad F La vida universitaria Speak for fellow students by indicating which items apply in general to your university life. Call a friend on the phone and see if he or she agrees with you. If there is time in the next class, share your responses with others.

1. Los profesores...
   ☐ nos dan demasiado (*too much*) trabajo.
   ☐ nos dan suficiente trabajo.
   ☐ pueden darnos más trabajo.
2. La universidad...
   ☐ nos hace caso cuando nos quejamos de algo.
   ☐ no nos hace caso cuando nos quejamos de algo.
3. El ambiente universitario...
   ☐ nos ofrece una vida social activa.
   ☐ no nos ofrece mucha vida social.
4. En la clínica de la universidad...
   ☐ nos tratan (*treat*) muy bien.
   ☐ no nos tratan muy bien.
5. El periódico de la universidad...
   ☐ nos permite expresar todas nuestras opiniones.
   ☐ nos permite expresar algunas opiniones.
   ☐ no nos permite expresar nuestras opiniones.

❖ **Para entregar** Tus acciones On a separate sheet of paper, write a series of sentences using the following phrases to tell what you do to or for other people. You may add whatever information or words you like, such as **nunca** and **a veces,** and you may talk about family or friends.

prestar (*to lend*) dinero
escribir cartas
mandar tarjetas (*to send cards*)
hablar de mis problemas

decirles qué es importante en mi vida
pedir dinero
guardar (*to keep*) secretos

MODELO: Nunca les hablo a mis padres de mis problemas. No me comprenden bien.

More on Indirect Object Pronouns

In your textbook you have seen that **le** and **les** may be used with the verbs **poner** and **quitar.** In English the equivalent of **le** and **les** in those cases is *on* or *from* (*something*), not *to* or *for* (*something*).

Siempre **le** pongo mucha sal **a la comida.**
Yo no uso tanta sal. **Le** quita el sabor natural **a la comida.**

I always put a lot of salt on food.
I don't use that much salt. It takes away from the natural flavor of the food.

Although at first glance you might think that **le** and **les** have multiple meanings in Spanish, this is only because you are seeing Spanish through an English speaker's eyes. In reality, **le** and **les** are pronouns that can be used in any situation in which there is an "involved third party." English equivalents vary because English does not have one set of pronouns that can do the job.

Le compré un carro **a mi amigo.**
Le veo los ojos y parece que está muy cansada.

I bought a car from a friend.
I see your eyes and you seem to be very tired.

For now, concentrate on using **le** and **les** with **poner** and **quitar.** You will pick up the other uses of indirect object pronouns as you continue to study Spanish.

170 Unidad tres A la hora de comer

Actividad G Bebidas In the textbook, you completed activities in which you talked about what you do and don't put on foods. But what about drinks?

Paso 1. Check off those items that you believe people commonly put in drinks. The last one is left blank for you to add new information.

1. Al café, muchas personas...
   - ☐ le ponen azúcar.
   - ☐ le ponen leche.
   - ☐ le ponen miel (*honey*).
   - ☐ no le ponen nada.
   - ☐ le ponen _____.

2. Al té, muchas personas...
   - ☐ le ponen azúcar.
   - ☐ le ponen leche.
   - ☐ le ponen miel.
   - ☐ le ponen limón.
   - ☐ no le ponen nada.
   - ☐ le ponen _____.

3. A la cerveza, muchas personas...
   - ☐ le ponen sal.
   - ☐ le ponen limón.*
   - ☐ no le ponen nada.
   - ☐ le ponen _____.

4. Al chocolate caliente, muchas personas...
   - ☐ le ponen canela (*cinnamon*).
   - ☐ le ponen nata (*whipped cream*).
   - ☐ no le ponen nada.
   - ☐ le ponen _____.

Paso 2. Now write one or more sentences to indicate what you put in **café, te, cerveza,** and **chocolate caliente.** Follow the models provided.

MODELOS: Al café le pongo leche.
          No le pongo nada al café. Me gusta tomarlo solo.

1. _____
2. _____
3. _____
4. _____

Paso 3. Now listen to the tape and compare what you wrote with what the speaker says.

Para anotar

Impersonal **se** can be used with **le** and **les** to talk about what *one (you, they)* does *to (something else)*.

En España, **se le pone** leche caliente al café fuerte. El resultado es café con leche.
En los países hispanos, no **se le agregan** muchas verduras a la ensalada como se hace aquí.

You need not worry about learning to use this structure now, but it may be useful to be aware of when you read.

---

*Limón can mean either *lemon* or *lime*.

❖ **Para entregar** La comida y la personalidad   What people put on or add to food items may reveal something about their personality. On a separate sheet of paper, create a series of five sentences in which you suggest a relationship between personality and what a person adds to foods. Use a variety of food items and follow the model.

MODELO: Si una persona le (les) ____ a ____, indica que ____. →
Si una persona le pone tomates a la ensalada, indica que es tradicional.

Here are some adjectives that you may find useful. You may, of course, use others. (¡OJO! The adjective must agree with the word **persona**.)

| imaginativo | pragmático | impulsivo | aventurero |
| conservador | individualista | antisocial | tímido |

PARA EXPRESARSE ¿TE IMPORTAN LOS ADITIVOS?

Other Verbs Like *gustar*

Various verbs that express how we feel about something use indirect objects. You already know **gustar, interesar, importar,** and **hacer caso.** Here are some others.

encantar *to delight, be especially pleasing*

Me encanta cómo habla Alfredo.   *The way Alfredo speaks delights me.*

agradar *to please*

No **me agrada** nada esta situación.   *This situation doesn't please me at all.*

caer bien *to make a good impression; to agree with (food)*

Ese señor **me cae bien.**   *That man impresses me.*
Las cebollas no **me caen bien.**   *Onions don't agree with me.*

Actividad H Me importa...

Paso 1.   Indicate how important each item is to you.

	MUCHO	UN POCO	NADA
1. Me importa sacar aes (*A's*).	☐	☐	☐
2. Me importan la religión y la iglesia.	☐	☐	☐
3. Me importa estar cerca de (*near*) mi familia.	☐	☐	☐
4. Me importa hacer ejercicio todos los días.	☐	☐	☐
5. Me importan las opiniones de otras personas.	☐	☐	☐
6. Me importa mi apariencia.	☐	☐	☐
7. Me importan los eventos políticos mundiales.	☐	☐	☐
8. Me importa ganar mucho dinero.	☐	☐	☐

Paso 2.   Now indicate how important you think these things are to your classmates.

A mis compañeros de clase...

	MUCHO	UN POCO	NADA
1. les importa sacar aes.	☐	☐	☐
2. les importan la religión y la iglesia.	☐	☐	☐
3. les importa estar cerca de sus familias.	☐	☐	☐
4. les importa hacer ejercicio todos los días.	☐	☐	☐
5. les importan las opiniones de otras personas.	☐	☐	☐

A mis compañeros de clase...   MUCHO   UN POCO   NADA
6. les importa su apariencia.   ☐   ☐   ☐
7. les importan los eventos políticos mundiales.   ☐   ☐   ☐
8. les importa ganar mucho dinero.   ☐   ☐   ☐

Paso 3. Now look at your responses in **Pasos 1** and **2.** Do you think your classmates and you are similar or different? In order to find out, ask one of your classmates questions based on the preceding eight statements. First write out your questions.

    MODELO: ¿Te importa sacar aes?

1. _____
2. _____
3. _____
4. _____
5. _____
6. _____
7. _____
8. _____

Paso 4. Before you interview your classmate, listen to the tape to see if your questions match those of the speaker. Then conduct the interview.

Para anotar

> To add emphasis or contrast, Spanish uses **a mí, a ti,** and **a nosotros** in conjunction with the object pronouns **me, te,** and **nos,** respectively.
>
> > Las notas no le importan a mi mejor amigo, pero **a mí me importan** mucho.
> > No me interesa la política. ¿**Te interesa a ti?**
> > Yo siempre les doy a mis hermanos los mejores regalos pero **a mí** ellos nunca **me dan** nada. ¡Qué ingratos!
>
> ¡Ya ti te damos las gracias!
>
> You will see and hear this frequently in Spanish and will incorporate it into your own language as you continue to study.

Lección 10 ¿Qué ingredientes tienen los alimentos preparados?

Actividad I Reacciones

Paso 1. Use **encantar, agradar, caer bien** to indicate how each item affects you.

   MODELO: los mariscos → No me agradan nada los mariscos.

1. el ajo (*garlic*) _____
2. los refrescos sin azúcar _____
3. las espinacas _____
4. el yogur natural _____
5. el café _____
6. las meseras que hablan mucho _____
7. la ópera _____
8. los gatos _____

Paso 2. Now listen to the speaker on tape talk about each item. Compare your reactions with those expressed by the speaker.

❖ **Para entregar** Comparaciones   Using the information from **Paso 2** of the previous activity (**Actividad I: Reacciones**), write a series of eight statements comparing your attitude toward each item with the speaker's attitude. Use a separate sheet of paper.

   MODELO: No me agrada nada el ajo, pero al señor le encanta.

VAMOS A VER
EL PROGRESO PUEDE SER PELIGROSO PARA LA SALUD

Please complete the **Vamos a ver** worksheet at the end of the lesson and turn it in to your instructor.

UN VISTAZO   Sin duda...

Actividad optativa Problemas médicos
Lo que le pasó a Popeye en la tira cómica no es cómico cuando ocurre en la vida real. Indica cuál de las siguientes oraciones se te aplica.

INGERIR ALGO EN MAL ESTADO
☐ Me pasó a mí una vez y tuve que ir al médico.
☐ No me pasó a mí pero sí le pasó a un amigo o pariente.
☐ Esto nunca me ha pasado a mí ni a mis amigos.

Sin duda alguna..... Espinaca en mal estado...

174   Unidad tres   A la hora de comer

IDEAS PARA EXPLORAR
LOS ALIMENTOS Y EL CÁNCER

PARA EXPRESARSE ¿QUÉ O CUÁL?

Expressing which

Spanish has two words, **qué** and **cuál(es)**, that are equivalent to the English word *which* in questions. Generally, **qué** is used when the question word is followed directly by a noun.

¿**Qué** cáncer es el más prevaleciente?	*Which cancer is most prevalent?*

Cuál(es) is used when directly followed by **de los** or **de las**.

¿**Cuál de los** alimentos no contiene pesticidas?	*Which foods do not have any pesticides?*
¿**Cuáles de las** frutas vienen de Chile?	*Which fruits come from Chile?*

Note that **cuál** is also used when followed by **es el/la** or **son los/las**. In these contexts, its English equivalent is *what*.

¿**Cuál es la** vitamina que ayuda a combatir los resfriados?	*What is the vitamin that helps fight colds?*
¿**Cuáles son los** cuatro grupos básicos de alimentos?	*What are the four basic food groups?*

Actividad A Geografía In this activity, your knowledge of geography will be tested. Listen as the speaker asks a question. Which of the responses listed is correct?

MODELO: (you hear): ¿Cuál es la capital de Colombia?
(you select): a. Bogotá b. Santiago c. Caracas
(you hear): Bogotá es la capital de Colombia.

1. a. Tegucigalpa b. San José c. Managua
2. a. Guatemala y Panamá b. Honduras y El Salvador c. Cuba y Haití
3. a. el Paraguay y el Uruguay b. Portugal y España c. Puerto Rico y Belice
4. a. Valencia b. Segovia c. Madrid
5. a. la Argentina b. el Brasil c. Bolivia
6. a. Costa Rica y El Salvador b. la República Dominicana y México c. el Perú y Chile
7. a. Santiago b. Quito c. La Paz

*Actividad B Alimentos recomendables Now that you have done a little work with geography, see how you do with food and nutrition.

Paso 1. Try answering the following questions without looking up any information.

1. ¿Cuál de los siguientes alimentos provee más calcio?
   a. el queso desnatado b. la leche c. los garbanzos
2. De las tres frutas a continuación, ¿cuál contiene más vitamina C?
   a. la naranja b. el limón c. las fresas
3. Si quieres consumir más magnesio, ¿cuál de estos alimentos deberías comer?
   a. el pan b. los cacahuetes c. los huevos

Lección 10 ¿Qué ingredientes tienen los alimentos preparados?

4. ¿Cuál de los siguientes alimentos provee más potasio?
   a. los cacahuetes   b. las papas   c. el azúcar moreno
5. ¿Cuál es la dosis diaria recomendada de calcio?
   a. 1,0 g   b. 60–100 mg   c. No está fijada (*fixed*).

Paso 2. Now look at the following chart, which relates certain nutrients to a diet that combats stress. Are your answers correct?

QUE PRODUCTOS SON MAS RECOMENDABLES

Alimentos	Contenido por cada 100 g. (mg.)	Dosis diarias recomendadas	Alimentos	Contenido por cada 100 g. (mg.)	Dosis diarias recomendadas
VITAMINA C					
Naranja	40	60-100 mg.	Nabos	20	60-100 mg.
Limón	45		Espinacas	40	
Fresas	50		Guisantes	20	
Pimientos	100		Repollo	20	
Tomates	20		Espárragos	20	
Peras	5		Nueces	25	
Patatas	15		Hígado	25	
Melón	10		Perejil	140	
CALCIO					
Queso curado	750	1,0 g.	Aceitunas verdes	106	1,0 g.
Col	134		Almendras	234	
Leche entera	115		Espinacas	93	
Queso desnatado	95		Garbanzos	150	
Huevo	54		Hígado	500	
POTASIO					
Manzana	95	No está fijada	Naranja	200	No está fijada
Tomate	178		Leche	145	
Atún en lata	330		Huevos	100	
Azúcar moreno	640		Queso	165	
Cacahuetes	450		Pan	154	
Patatas	280		Carne de vacuno	350	
MAGNESIO					
Manzana	4,8	400 mg.	Naranja	8,2	400 mg.
Tomate	4,3		Leche	9	
Atún en lata	23		Huevos	9,8	
Azúcar morena	62		Queso	20	
Cacahuetes	150		Pan	25	
Patatas	14		Carne de vacuno	17	

El estrés crónico provoca deficiencias de vitamina C y una acusada baja de los valores de magnesio en los tejidos, inducida por la acción de las catecolaminas —hormonas del estrés—. En cambio, éstas quedan anuladas cuando el porcentaje de magnesio en relación con el de calcio es elevado. El potasio refuerza los tejidos cardiacos frente a la tensión y previene, por tanto, el infarto.

❖ **Para entregar** Tres preguntas   Using the chart from **Paso 2** of the previous activity, on a separate sheet of paper write three quiz questions for in-class use. Model them after the questions in that activity.

▼ # VAMOS A VER
DILE *NO* AL AZÚCAR

Please complete the **Vamos a ver** worksheet at the end of the lesson and turn it in to your instructor.

UN VISTAZO Los efectos del calcio

El siguiente artículo apareció en un periódico puertorriqueño. Debes poder leerlo sin ayuda especial.

el calcio: efectivo contra cáncer del colon

Un estudio del Memorial Sloan Kettering Center, centro médico de Nueva York especializado en tratamientos contra el cáncer, demostró por primera vez que el calcio puede neutralizar los cambios de la superficie interna del colon, que generalmente preceden a la aparición de tumores malignos en esa parte del intestino grueso.

Este estudio coincide con las observaciones efectuadas por el profesor Cedric Garland, de la Universidad de California, quien señaló que las personas que beben mucha leche (rica en calcio) y absorben vitamina D en cantidades suficientes sufren menos de ataques de este tipo de cáncer.

El cáncer del colon es una enfermedad particularmente extendida en los países de alto nivel de vida, y parece originarse a causa de desequilibrios alimenticios.

En los Estados Unidos, donde hace algún tiempo fue operado de un tumor al colon el presidente Ronald Reagan, este cáncer ataca aproximadamente al seis por ciento de la población.

Nombre _____ Fecha _____ Clase _____

Vamos a ver: El progreso puede ser peligroso para la salud (page 174)

Anticipación

Paso 1. En un momento, vas a escuchar a alguien hablar en la cinta sobre la producción de los alimentos en la época moderna. Cuando oyes o ves escrita la palabra **progreso**, ¿piensas en cosas y situaciones favorables? ¿Tiene una connotación negativa esta palabra? Mira el título bajo **Vamos a ver** en esta página. ¿Qué te sugiere? (Recuerda que la palabra **peligroso** quiere decir *dangerous* en inglés.)

Paso 2. A continuación hay unas oraciones sacadas de (*taken from*) la cinta. Mira las palabras subrayadas. ¿Puedes deducir lo que significan?

1. Durante el siglo XX, la industria de la producción y <u>procesamiento</u> de los alimentos se ha desarrollado mucho.... Otros avances modernos afectan <u>el procesamiento</u> de la comida.
   Procesamiento significa...
   a. *processing*   b. *processed*   c. *process*
2. <u>El mejoramiento</u> de los sistemas de transporte hace posible la transportación de los alimentos a distancias largas.
   Mejoramiento significa...
   a. *improving*   b. *improvement*   c. *improved*

Si contestas *a* y *b*, respectivamente, estás en lo correcto.

Paso 3. Ahora, piensa en qué aspectos «el progreso puede ser peligroso para la salud». Indica cuáles de los siguientes temas se van a tratar en la cinta.

☐ El efecto negativo de los pesticidas.
☐ Los beneficios de nuevos sistemas de refrigeración.
☐ Problemas que resultan de las hormonas y medicamentos que se les dan a los animales.
☐ Por qué los alimentos procesados son más saludables que los alimentos sin procesar.

Exploración

Paso 1. Mirando los puntos que marcaste en **Anticipación**, escucha «El progreso puede ser peligroso para la salud» en la cinta. Esta vez, escucha para verificar cuáles de los puntos se mencionan.

Paso 2. Escucha otra vez y haz una lista de todos los alimentos mencionados.

1. _____   5. _____
2. _____   6. _____
3. _____   7. _____
4. _____

Paso 3. Ahora haz una lista de los elementos del progreso que son peligrosos. Pueden ser sustancias que se añaden a los productos o los procesos mismos.

1. _____   5. _____
2. _____   6. _____
3. _____   7. _____
4. _____

Paso 4. Escucha otra vez, si quieres, para estar seguro de cuáles peligros se asocian con determinados alimentos.

Lección 10 ¿Qué ingredientes tienen los alimentos preparados?

Síntesis

Paso 1. Usando las listas que hiciste en **Exploración**, completa el esquema con la información del artículo, indicando cuáles son los peligros que afectan cada alimento.

ALIMENTOS　　　　　PELIGROS

1. _____ _____
2. _____ _____
3. _____ _____
4. _____ _____
5. _____ _____
6. _____ _____
7. _____ _____

Paso 2. Mira el esquema en el **Paso 1**. Pensando en la información sobre nutrición que aprendiste en la **Lección 9**, haz una lista de recomendaciones para evitar los alimentos peligrosos.

1. _____
2. _____
3. _____
4. _____
5. _____

Nombre _____ Fecha _____ Clase _____

Vamos a ver: Dile *no* al azúcar (page 176)

Anticipación

Paso 1. En un momento vas a escuchar a alguien hablar sobre el azúcar y la salud. Antes de escuchar la cinta, mira el título bajo **Vamos a ver** en esta página. Es «Dile *no* al azúcar». ¿Qué quiere decir? ¿Se va a hablar de...

☐ cómo reducir el consumo de azúcar?
☐ los beneficios del azúcar?
☐ los efectos negativos del azúcar?
☐ la producción del azúcar refinado?

Paso 2. Si crees que se va a hablar de los efectos negativos del azúcar y de cómo reducir el consumo de este alimento, estás en lo correcto. Ahora mira las siguientes palabras y expresiones. ¿Qué crees que se va a decir sobre cada una? Piénsalo un momento.

la falta (*lack*) completa de postres
un «cero» nutricional
te deja cansado (*tired*)

Paso 3. Antes de escuchar, haz la siguiente prueba para ver cuánto sabes del azúcar y sus efectos en el cuerpo.

	CIERTO	FALSO
1. El azúcar causa cáncer.	☐	☐
2. El azúcar es un estimulante.	☐	☐
3. El azúcar es bueno para las personas que quieren bajar de peso.	☐	☐
4. El azúcar puede causar irritación y dolores de cabeza (*headaches*).	☐	☐
5. El azúcar contiene calorías sin valor nutritivo.	☐	☐

Exploración

Paso 1. Ahora escucha «Dile *no* al azúcar» en la cinta. Por el momento, no te preocupes por los detalles. Presta atención a las ideas principales.

Paso 2. ¿Captaste las ideas principales? De las siguientes ideas, ¿cuáles fueron mencionadas?

	SÍ	NO
1. El azúcar refinado engorda.	☐	☐
2. El azúcar refinado causa cáncer.	☐	☐
3. El azúcar natural es alto en valor nutritivo.	☐	☐
4. Muchos alimentos preparados contienen azúcar refinado.	☐	☐
5. Es necesario dejar de comer azúcar refinado por completo.	☐	☐

Paso 3. Vuelve al **Paso 3** de **Anticipación** y verifica las respuestas que escribiste allí.

Paso 4. Escucha la cinta de nuevo, prestando más atención a los detalles. Si quieres, puedes tomar apuntes aquí.

Paso 5. Basándote en lo que escuchaste, indica si son ciertas o falsas las siguientes oraciones.

	SÍ	NO
1. El azúcar refinado da mucha energía por unos minutos.	☐	☐
2. Comer un alimento con azúcar refinado puede quitarte el hambre.	☐	☐
3. Las zanahorias y los guisantes contienen azúcar natural.	☐	☐
4. El consumo de azúcar refinado produce cambios lentos (*slow*) en el sistema.	☐	☐
5. La salsa de espaguetis preparada contiene azúcar refinado.	☐	☐

Paso 6. Llena los espacios en blanco con la información apropiada de la cinta.

1. tres adjetivos que describen cómo te sientes (*you feel*) después de comer azúcar refinado:

    a. _____ b. _____ c. _____

2. dos tipos de alimentos que contienen azúcar natural:

    a. _____ b. _____

3. tres alimentos preparados que contienen azúcar refinado:

    a. _____ b. _____ c. _____

Síntesis

A continuación se presenta un bosquejo general de lo que escuchaste. Pero como se ve, el bosquejo no contiene toda la información. Complétalo con los datos que escuchaste en la cinta.

I. Problemas con el azúcar refinado

   A. No tiene valor nutritivo.

   B. _____

   C. Causa cambios dramáticos en los azúcares de la sangre.

      1. _____

      2. _____

      3. Causa hambre.

II. Recomendaciones para controlar el consumo de azúcar refinado

   A. _____

   B. _____

   C. _____

   D. Recordar que muchos alimentos preparados contienen azúcar refinado.

ANSWER KEY

LECCIÓN 10 (APPENDIX)

Ideas para explorar Recetas

Actividad A, p. 162 1. a 2. c 3. a 4. b 5. b 6. a 7. c 8. a   **Actividad E, p. 163** 1. e 2. c 3. g 4. h 5. d 6. f 7. a 8. b   Título: Cómo preparar una tarta de manzana   **Actividad G, p. 164** 1. la fiesta del papá 2. Sí 3. harina, huevos, leche, vainilla, azúcar, chocolate, se cocina al horno 4. tarta de chocolate

Ideas para explorar Lo que se le agrega a la comida

Actividad A, p. 166 1. a. the student b. the professor 2. a. the clients b. the waitress 3. a. our grandparents b. we 4. a. Mrs. García b. the students 5. a. my friend b. me 6. a. parents b. their children 7. a. Marta b. we 8. a. friend b. me 9. a. Claudia b. her boyfriend 10. a. Miguel b. we   **Actividad C, p. 168** 1. a 2. a 3. b 4. b

Ideas para explorar Los alimentos y el cáncer

Actividad B, p. 175 1. c 2. c 3. b 4. c 5. a

LECCIÓN 11

Ideas para explorar Los estados de ánimo

Actividad B, p. 4 1. e or b 2. g 3. e or b 4. a 5. c 6. d 7. f   **Un vistazo: Depresión, p. 6** 1. b 2. a   **Actividad G, p. 8** *Paso 2.* María no se enoja fácilmente, pero sí se irrita con frecuencia. *Paso 3.* 1. sí 2. no se sabe 3. no se sabe 4. sí

Ideas para explorar Reacciones

Actividad A, p. 11 *Paso 2.* 1. a 2. b 3. c 4. a 5. b   **Actividad B, p. 11** *Paso 2.* 1. a 2. a 3. c 4. b 5. b   **Actividad C, p. 12** 1. b 2. c 3. e 4. a 5. d 6. f   **Actividad D, p. 13** 1. Un piloto llega tarde al trabajo. Está tenso y nervioso. No dice nada. Sólo llora y grita. Se encierra en la cabina del avión y silba. 2. a. tenso b. nervioso c. triste 3. El piloto todavía está en la cabina. Lo único que hace es silbar. 4. a. no b. sí c. sí d. no   **Actividad F, p. 15** *Paso 2.* 1. Normalmente ¿te falta energía por la tarde? 2. Después de lavar la ropa, ¿siempre te falta algo? 3. Cuando estudias para un examen, ¿te faltan a veces apuntes importantes? 4. ¿Te faltan muchos cursos para completar tu especialización? 5. Al final del mes, ¿siempre te falta dinero?   **Un vistazo: La comida y el estado de ánimo, p. 16** 1. Falso; la pasta pertenece al grupo de carbohidratos, que tiene un efecto calmante. 2. Cierto; el bistec pertenece al grupo de proteínas, que ayudan a una persona a pensar y actuar con rapidez.   **Actividad H, p. 17** 1. a 2. b 3. b 4. a 5. b   **Actividad I, p. 18** *Paso 1.* 1. Quedan nueve copias. 2. Quedan catorce huevos. 3. Quedan nueve rosas. 4. A María

Jesús le quedan veintiocho dólares.   5. Quedan setenta y ocho estudiantes.   *Paso 3.*   1. A Carlos le quedan treinta y nueve discos.   2. A Gloria le quedan dieciséis botellas.

Ideas para explorar Para sentirte bien

Actividad A, p. 20 (Answers may vary.) 1. pintar 2. hacer ejercicio aeróbico, levantar pesas 3. tocar el piano 4. jugar al fútbol, béisbol 5. ir de compras 6. levantar pesas, correr 7. jugar al tenis 8. ir al cine 9. tocar la guitarra 10. correr   **Actividad B, p. 21** *Paso 1.* 1. d 2. a 3. d 4. b *Paso 2.* *a* goes with 4; *b* goes with 3; *c* goes with 1; *d* goes with 2. *Paso 3.* (Answers may vary.) 1. **Ir al cine** no debe estar en el grupo 1 porque no es necesario gastar mucha energía para hacer esta actividad. 2. **Hacer ejercicio** no debe estar en este grupo porque para hacer ejercicio no se necesita pelota. 3. **Ir de compras** no debe estar en el grupo 3 porque para hacer esta actividad se necesita salir de casa. 4. **Pintar** no debe estar en este grupo porque no es un deporte ni una forma de ejercicio físico.

LECCIÓN 12

Ideas para explorar Otras actividades

Actividad C, p. 25 1. c 2. b 3. b 4. a 5. c 6. b 7. c   **Actividad D, p. 26** 1. el voleibol 2. trabajar en el jardín 3. meditar 4. saltar a la cuerda 5. bañarse en un jacuzzi   **Actividad E, p. 27** *Paso 2.* a *Paso 3.* c *Paso 4.* nadar, caminar, pintar, cantar, trabajar en el jardín, meditar, bañarse en un jacuzzi, o cualquier otra actividad (1) que se practica a solas (2) que no requiere mucha actividad física y (3) que no requiere gastar dinero.

Ideas para explorar La buena risa

Actividad B, p. 29 *Paso 2.* 1. Eran las seis y media cuando se despertó la narradora. 2. La narradora se levantó temprano porque tenía que estudiar. 3. Antes de salir de casa, la narradora estaba en silencio. 4. La narradora estaba desilusionada porque hacía mal tiempo. 5. La narradora fue a la cafetería porque necesitaba cafeína.   **Actividad D, p. 31** 1. b 2. c 3. e 4. a 5. d   **Un vistazo: Sorpresa, p. 33** 1. conocía, temblaba, temblaba, era, conocía 2. b

Ideas para explorar Orígenes de la risa

Actividad A, p. 37 *Paso 2.* a. sí b. sí c. sí d. no e. sí f. no g. no h. sí i. sí j. sí k. sí l. no   **Un vistazo: ¿Barba o no?, p. 39** *Paso 1.* 1. f 2. c 3. f *Paso 3.* Number 2 best summarizes the paragraph. *Paso 4.* *First paragraph:* se afeitaban *Second paragraph:* era, se afeitaban, juzgaban, realizaban, representaba *Third paragraph:* eliminaban, empleaban

LECCIÓN 13

Ideas para explorar Hay que tener cuidado

Un vistazo: La prevención de lesiones, p. 48 *Paso 1.* b *Paso 2.* 1. cierto 2. falso 3. falso

Ideas para explorar Saliendo de la adicción

Actividad A, p. 54 1. no 2. sí 3. no 4. sí 5. no 6. no 7. sí 8. no 9. sí 10. sí   **Un vistazo: Cómo curarse de un dolor, p. 56** *Paso 1.* (3) ciertos gases producidos por la digestión *Paso 2.* (2) Si comes, espera una hora antes de hacer ejercicio. *Paso 3.* **no te alarmes** (*from* alarmarse); **no te olvides** (*from* olvidarse); **empieza** haciendo ejercicios moderados (*from* empezar); **haz** lo siguiente (*from* hacer); **deja de** ejercitarte (*from* dejar de); **date** un masaje (*from* darse); **respira** (*from* respirar); **exhala** (*from* exhalar); **eleva** tus brazos (*from* elevar)

LECCIÓN 14

Ideas para explorar El horóscopo chino (I)

Actividad A, p. 65 1. b 2. a 3. c 4. b 5. c

Ideas para explorar El horóscopo chino (II)

Actividad A, p. 68 1. sí 2. no 3. sí 4. no 5. sí 6. sí **Actividad B, p. 69** 1. e 2. d 3. c 4. b 5. a

Ideas para explorar El horóscopo chino (III)

Actividad A, p. 73 1. f 2. c 3. d 4. b 5. e 6. a **Actividad B, p. 73** *Paso 2.* 1. el mono 2. el cerdo 3. el perro 4. el gallo

Ideas para explorar La expresión de la personalidad

Actividad A, p. 76 *Paso 2.* 1. sí 2. sí 3. no 4. sí 5. no 6. sí 7. no 8. no 9. no 10. sí 11. no 12. sí *Paso 3.* Las dos personas son compañeras de cuarto. **Actividad C, p. 77** 1. c 2. b 3. a 4. a 5. b **Actividad D, p. 78** 1. He visto un fantasma. Tenía la forma de mi padre. (Hamlet) 2. No he llegado a la India, pero he descubierto el Nuevo Mundo. (Cristóbal Colón) 3. He visto la tierra desde el espacio. Fui el primer hombre que caminó en la luna. (Neil Armstrong) 4. He escrito la Declaración de la Independencia de los Estados Unidos. (Thomas Jefferson) 5. He tratado de resolver los conflictos en Centroamérica. Gané el Premio Nóbel por mi plan de paz. (Óscar Arias) **Un vistazo: Una investigación, p. 79** *Paso 1.* 1. Han investigado si los pájaros de la misma especie cantan igual. 2. Han encontrado que existen pájaros que cantan en dialectos diferentes. 3. Se ha hecho en Europa. *Paso 2.* ha sido (ser); han descubierto (descubrir)

LECCIÓN 15

Ideas para explorar Las relaciones espaciales

Actividad A, p. 82 *Paso 1.* 1. el Uruguay 2. Colombia 3. el Ecuador y Colombia 4. Chile *Paso 2.* 1. respuestas posibles: el Paraguay, el Uruguay, la Argentina (Chile y Bolivia quedan al suroeste.) 2. respuestas posibles: el Perú, el Ecuador (Colombia queda al noroeste del Brasil.) 3. respuestas posibles: Venezuela, Guayana, Colombia, Surinam, Guyana francesa *Paso 3.* El Océano Atlántico queda al este del Brasil. **Actividad C, p. 83** 1. b 2. a 3. c **Actividad D, p. 83** *Situación 1.* 1. b 2. …porque la calle que busca está un poco lejos (Your wording need not match exactly.) *Situación 2.* 1. c 2. …porque el banco que busca está cerca. (Your wording need not match exactly.) **Actividad F, p. 84** 1. a 2. b 3. b 4. b 5. b

Ideas para explorar De aquí para allá

Actividad A, p. 86 Ruta del primer turista: *c.* Ruta del segundo turista: *b.* Ruta del tercer turista: *a.* **Actividad C, p. 87** *Paso 1.* La respuesta es el número 2. Como es cosa de ir tres millas por una calle y otra milla por otra, es más probable que Gonzalo vaya en carro.

Paso 3.

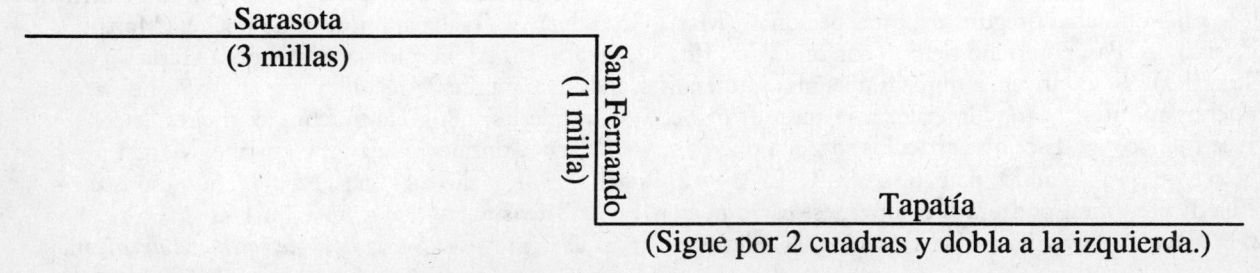

```
_____
   Sarasota              │ San
   (3 millas)            │ Fernando
                         │ (1 milla)
                         │_____
                                    Tapatía
```
(Sigue por 2 cuadras y dobla a la izquierda.)

Ideas para explorar Animales estudiados

Un vistazo: Libros leídos, p. 90 novelas leídas; películas vistas **Actividad optativa, p. 91** 1. c 2. c 3. f 4. c 5. f

LECCIÓN 16

Ideas para explorar Las mascotas

Actividad D, p. 107 *Paso 2.* 1. Yo haría trabajo extra... 2. Yo querría estudiar... 3. Yo tendría que estudiar toda la noche... 4. En un caso de urgencia, yo podría ayudarle... 5. Yo saldría de la universidad... 6. Yo pondría «Sí, hablo español»...

Ideas para explorar El porqué de la vivienda

Actividad A, p. 108 1. d 2. b 3. Una ciudad es más grande. 4. b 5. c 6. a 7. b **Actividad D, p. 109** A. 2 B. 1 C. 4 D. 5 E. 3

LECCIÓN 17

Ideas para explorar Las profesiones

Actividad B, p. 118 *Paso 1.* 1. d 2. a 3. b 4. f 5. k 6. j 7. c 8. g 9. i 10. e 11. h **Actividad E, p. 120** 1. la enseñanza 2. el cine/la televisión 3. el Derecho 4. los deportes 5. la asistencia social

Ideas para explorar Características y cualidades

Actividad A, p. 121 1. c 2. f 3. a 4. e 5. b 6. d **Actividad E, p. 123** *Paso 1.* (Answers may vary.) 1. ¿Sabe hablar otro idioma? 2. ¿Escribe bien? 3. ¿Sabe expresarse claramente? *Paso 2.* periodista

Ideas para explorar Algunas aspiraciones

Actividad A, p. 126 1. a 2. b 3. b 4. b 5. a **Actividad B, p. 127** 1. b 2. b 3. a 4. b 5. a 6. a 7. b 8. a **Actividad F, p. 132** 1. c 2. d 3. b 4. e 5. a **Actividad G, p. 132** 1. c 2. b 3. a 4. c 5. b

LECCIÓN 18

Ideas para explorar La ropa y lo que indica

Actividad F, p. 140 *Paso 1.* 1. a 2. c *Paso 2.* 1. unos zapatos 2. una falda 3. Raquel le recomienda que compre una falda de cuero porque iría muy bien con una blusa de seda. **Un vistazo: Otro tipo de sonrisa, p. 141** *Paso 1.* calzoncillos *Paso 2.* c

Ideas para explorar Dentro de unos años...

Actividad A, p. 144 Respuestas posibles: 1. Escuchará los problemas de otras personas. (Alejandra Iturribe) 2. Les hará muchas preguntas a otras personas. (María González) 3. Trabajará mucho de noche. (Martín Iglesias) 4. Pasará mucho tiempo con animales. (José Blanco) 5. Tendrá que viajar mucho. (María González) 6. Conocerá a muchas personas interesantes. (María González, Alejandra Iturribe) 7. Tomará muchos apuntes.(María González, Alejandra Iturribe, Martín Iglesias) 8. Hará muchos exámenes físicos. (José Blanco) 9. Escribirá artículos sobre lo que observa. (María González, Alejandra Iturribe, Martín Iglesias) **Actividad D, p. 146** *Paso 2.* 1. Ana 2. Rogelio 3. Rogelio 4. Ana *Paso 3.* Son esposos. (Ella dice «Pronto podremos comprar ese carro nuevo...») **Un vistazo: Otro avance, p. 148** *Paso 1.* 1. b 2. b *Paso 2.* invadirá (invadir), serán (ser), llevarán (**llevar** used in this sense as *to come equipped with*), irá

(ir), se especializarán (especializarse), dispondrán de (**disponer de**, which means *to have [at one's disposal]*)
Actividad E, p. 149 *Paso 2.* 1. b 2. a 3. d 4. c

Ideas para explorar Las posibilidades y probabilidades del futuro

Actividad A, p. 151 The following require the subjunctive: 1. Dudo que… 2. No me parece cierto que… 3. Es poco probable que… 4. Dudo que… 5. No creo que… (The other phrases require the indicative in the embedded sentence.) **Actividad B, p. 151** *Paso 2.* b *Paso 3.* 1. c 2. b

VOCABULARY

SPANISH-ENGLISH

The Spanish-English Vocabulary contains all the words that appear in the *Manual,* with the following exceptions: (1) words used in the *Manual* that are already glossed in the Spanish-English vocabulary of the *¿Sabías que...?* student text; (2) most close or identical cognates; (3) conjugated verb forms; (4) diminutives ending in -ito/a; (5) absolute superlatives ending in -ísimo/a; and (6) most adverbs ending in -mente. Only meanings that are related to the way the word is used in the *Manual* are provided.

Gender is indicated except for masculine nouns ending in -o, feminine nouns ending in -a, and invariable adjectives that do not change to reflect gender. Stem changes and spelling changes are indicated for verbs: **pedir (i, i); castigar (gu).**

Words beginning with **ch, ll,** and **ñ** are found under separate headings, following the letters **c, l,** and **n,** respectively. Similarly, **ch, ll,** and **ñ** within words follow **c, l,** and **n,** respectively. For example, **marchito** follows **marcadamente, allá** follows **alto,** and **puñal** follows **punzante.**

Parts of speech are indicated for nouns, verbs, and adjectives only when the same word can be used in several ways, or when usage is not immediately apparent. All other parts of speech are identified.

The following abbreviations are used:

adj.	adjective
adv.	adverb
f.	feminine
fam.	familiar
interj.	interjection
interr.	interrogative
irreg.	irregular
m.	masculine
n.	noun
pl.	plural
prep.	preposition
pron.	pronoun
sg.	singular

A

abajo *adv.:* **para abajo** down, below
abierto/a: abierto al duro aire open to the harsh air
acá *adv.:* **(para) acá** here, over here
acechar to ambush, lie in wait for
aceituna olive
acertar (ie) to guess correctly
acondicionamiento conditioning
acordarse (ue) (de) to remember
acortamiento shortening; reduction
acusado/a marked, pronounced
afección *f.* fondness
afeitarse to shave oneself
afilado/a sharpened
afirmación *f.* statement
afrontar to confront, face
agarrar to grab, seize
agradar to please
agravamiento aggravation; worsening
ahora *adv.:* **ahora mismo** right now; **de ahora** current
aire *m.:* **abierto/a al duro aire** open to the harsh air
alegrarse to get happy, be happy
alguno/a: alguna vez once, ever
almendra almond
alquilar to rent
altivo/a haughty
alto/a: en voz alta out loud; in a loud voice; **presión** *f.* **alta** high blood pressure
allá *adv.:* **más allá de** beyond
allí *adv.:* **allí mismo** right there
amenaza threat
ampolla blister
amueblar to furnish
anaeróbico/a anaerobic
anormalidad *f.* abnormality
antipático/a unpleasant, unfriendly
antónimo antonym
anulado/a annulled, cancelled
aprovechar: que aproveche *interj.* enjoy your meal
aquí *adv.:* **por aquí** around here
arco arch
ardilla squirrel
arena sand
Argelia Algeria
arqueólogo/a archaeologist
articulación *f.* joint (*anatomy*)
ascensor *m.* elevator
asesinar to murder
asesinato murder
así *adv.:* **así como** just like; **así que** so
asomarse to lean (*into, toward*)
astilla splinter; **de tal palo, tal astilla** *interj.* a chip off the old block
atención *f.:* **con atención** carefully
autobús *m.* bus
avenida avenue
avisar to notify; to warn
azúcar *m.:* **azúcar moreno** brown sugar

B

bahía bay
baja *n.* drop, fall
bandada flock (of birds)
barba beard
barbudo/a bearded
bastante *adv.* fairly, substantially
Belice *m.* Belize (*Central American country*)
Benin *m.* Benin (*province of Nigeria*); republica de África occidental
bolsa bag; **bolsa de empleos** employment agency
bombón *m.* bonbon (*candy*)
botella bottle
bronce *m.* bronze
bueno... *interj.* well . . .
bufón (bufona) clown, buffoon
burbuja bubble

C

cadera hip
calentamiento warm-up
caliente: de sangre caliente hot-blooded
calzoncillos *pl.* underpants
callarse to get quiet; to stop talking
callo corn, callus
canción *f.* song
cansarse to get tired
capa layer
carbón *m.* coal
carbonara: a la carbonara prepared with a sauce made of bacon, prosciutto, cheese, and eggs
Caribe *m.* Caribbean (sea)
caridad *f.* charity
carne *f.:* **carne de vacuno** beef
casco helmet
caso: en todo caso in any case
castigar (gu) to punish
castrado/a spayed
cazuela casserole
celo: estar en celo to be in heat (*animal*); **tener** (*irreg.*) **celos** to be jealous
certificado *n.* certificate
césped *m.* lawn, grass
ciego/a: punto ciego blind spot (*when driving*)
cintura waist
cisne *m.:* **cisne trompetero** trumpeter swan
claro *interj.:* **claro (que sí)** of course
col *f.* cabbage
comerciante *m., f.* merchant
cometer to commit
complacer (zc) to please
completo: por completo completely
comprensivo/a understanding
concha shell
conducir (zc) to drive
conductor(a) driver
consciente conscientious
consejero/a adviser
consejos: pedir (i, i) consejos to seek advice
contable *m., f.* accountant
contacto: tomar contacto con to touch; to have contact with
contar (ue): contar con to count on
contractura contracture (*shortening or shrinkage of a muscle, tendon, etc.*)
contratar to place under contract, hire
convenir (*like* **venir**) to be advisable; to be worthwhile
coraza armor
corporal *adj.* bodily
costado *n.:* **costado izquierdo** left side (*under ribs*)

cristianos: moros y cristianos casserole of white rice and black beans
cruz *f.* cross
cuanto *adv.:* **en cuanto** as soon as
cuenta: al fin de cuentas: in the final analysis, in the end
cuerno horn; **¿para qué cuernos...?** *fam. interj.* why the devil...?
cuerpo: lucha cuerpo a cuerpo hand-to-hand combat
curado/a: queso curado hard cheese

CH
charla *n.* chat, conversation
chismear to gossip
choque *m.* shock

D
dactilar *adj.:* **huellas dactilares** fingerprints
dar *(irreg.):* **dale** *interj.* go on; **dar a luz** to give birth; **dar las gracias** to thank; **dar lugar a** to give rise to, give the occasion for; **darle el pésame** to express one's condolences; **que da al patio** that leads to the patio
debilidad *f.* weakness
decaimiento decline
decir *(irreg.):* **querer** *(irreg.)* **decir** to mean
defectuoso/a defective
dejar to allow
delator(a) *adj.* informing, accusing
delegar (gu) to delegate
derramar to spill
desafío challenge
desagradable unpleasant
desayuno breakfast
deseable desirable
desenfadado/a carefree
desesperado/a desperate
desesperar to exasperate
desgravación *f.* lowering of duties or taxes
deslizar (c) to slide, slip
desnatado/a: queso desnatado cheese made from skim milk
despachar to dispatch

despreocupación *f.* lack of concern, nonchalance
desprovisto/a: desprovisto/a de devoid of, lacking
día *m.:* **día feriado** holiday; **hoy en día** nowadays; **todo el día** all day long
diario/a daily
diente *m.:* **diente de ajo** clove of garlic
disparar to fire (a gun)
dispuesto/a: estar dispuesto/a a to be ready, able to
docena dozen
dogo/a bulldog
donar to donate
ducharse to take a shower
duro/a: abierto al duro aire open to the harsh air

E
echarse to lie down
efectivamente *adv.* indeed, in fact
efectividad *f.* effectiveness
elección *f.* choice
emocionante exciting, thrilling
empeño: fracasarse en el empeño to fail in the attempt
envidia envy; **tener** *(irreg.)* **envidia** to be envious
erróneo/a erroneous
escalera stair, staircase
escribano/a yellowhammer *(species of wading bird)*
escudriñar to scrutinize
esforzarse (ue) (c) to force oneself
eso *pron.:* **por eso** that's why
espárragos asparagus
esperar: esperar + *inf.* to plan to *(do something)*
espira spire
estacionamiento parking lot
estacionar to park
estatua statue
estiramiento stretching (exercise)
evolutivo/a evolutionary

F
fabricar (qu) to manufacture
fachada facade
fanfarronería bragging, boasting
farol *m.* streetlight
farolito streetlight
felicidades *f. pl.* congratulations

felicitaciones *f. pl.* congratulations
fertilizante *m.* fertilizer
fiel faithful
fijado/a fixed, specified
fin *m.:* **al fin de cuentas** in the final analysis, in the end; **sin fin** endless
firma signature
florecer (zc) to flourish
florero vase
fondo: de/en el fondo basically; deep-down
fondos *pl.* funds
fortalecimiento strengthening; fortification
fortaleza fortress
fracasar(se) (qu): fracasarse en el empeño to fail in the attempt
franela flannel
freno brake
frente *n. f.* forehead
frente *prep.:* **frente a** facing, opposite
frío: tener *(irreg.)* **frío** to be cold
fronterizo/a bordering on; opposite
función *f.* show, performance

G
galardón *m.* reward, prize
ganar: ganar terreno a la selva to get farmland from the jungle
gastar to waste; to expend
gobernador(a) governor
gordo/a: premio gordo grand prize
gracias *pl.:* **dar** *(irreg.)* **las gracias** to thank
grueso/a thick
guardar to keep
guayabera loose-fitting men's shirt typically worn in the Caribbean area

H
hacer *(irreg.):* **hace** ____ *(period of time)* ____ ago; **hacer caso (de)** to pay attention (to); **hacer un viaje** to take a trip; **hacer una visita** to pay a visit
hacerse *(irreg.)* **a la idea** to get used to the idea
harina de maíz *m.* cornmeal

harto/a: estar harto/a de to be sick and tired of
hasta *adv.* even; **hasta luego** see you later
helado: té *m.* **helado** iced tea
hibernar to hibernate
hipo hiccup
historia story
holograma *m.* hologram (*photograph containing a three-dimensional image*)
hollín *m.:* **restos de hollín** ashen remains
honradez *f.* honesty
honrado/a honest
hornear to bake
huele (*from* **oler**) (it) smells
¡huy! *interj.* exclamation of surprise, dismay

I
idea: hacerse (*irreg.*) **a la idea** to get used to the idea
igualar to equal
incendio fire, conflagration
inconveniente *n. m.* obstacle, difficulty
informe *m.* report
ingenuo/a naive
ingrato/a *n.* ungrateful person
inmediato: de inmediato immediately
inmóvil immovable, not moving
instante *m.:* **al instante** immediately
interior *adj.:* **ropa interior** underwear
inundar to inundate
irritarse to get irritated

J
jamás *adv.* never
jocoso/a humorous
juicio: poner (*irreg.*) **en tela de juicio** to cast doubt on
justamente *adv.* just, exactly

L
labrador(a) farm worker
ladrón (ladrona) thief
lago lake
lampiño/a beardless
lata: en lata canned
lavandería laundromat

lentitud *f.* slowness
letargo lethargy
lodo mud
lograr to succeed
lucha: lucha cuerpo a cuerpo hand-to-hand combat
luego *adv.:* **hasta luego** see you later
lugar *m.:* **dar** (*irreg.*) **lugar a** to cause
luz *f.* (*pl.* **luces**): **dar** (*irreg.*) **a luz** to give birth

LL
llamada *n.* telephone call
llevar to lead, live (a certain kind of life); to bring with one, carry; **llevar puesto/a** to be wearing, have on (clothing)

M
magnesio magnesium
maíz *m.:* **harina de maíz** cornmeal
maligno/a evil
maltés (maltesa) Maltese dog (*variety of toy spaniel with long, silky white hair*)
mamífero mammal
mandíbula (lower) jaw
mando *n.* control; order
manera: de otra manera otherwise
maniobrar to manipulate
marcadamente *adv.* markedly
marchito/a wilted
marfil *m.:* **Costa de Marfil** Ivory Coast (*of Africa*)
marinero/a sailor
matricularse to register (for classes)
maxilar *adj.* maxillary (*related to the upper jaw*)
mayor greater, greatest; biggest; older, oldest
mediados *pl.:* **a mediados de** in the middle of
medicamento medicine, medication
medio/a half
mejoramiento improvement
menor lesser, least; smallest; younger, youngest
menos *adv.:* **por lo menos** at least

mentira lie
merecer (zc) to merit
mesita end table
mimado/a spoiled (*behavior*)
mismo *adv.:* **allí mismo** right there
mismo/a *adj.:* **lo mismo** the same thing; **sí mismo/a** oneself
molestia discomfort
molesto/a bothered
montar to ride (a horse, bicycle, motorcycle)
moqueta carpeting
mordaz (*pl.* **mordaces**) *adj.* caustic
moreno/a: azúcar *m.* **moreno** brown sugar
moros y cristianos *pl.* casserole of white rice and black beans
moto(cicleta) *f.* motorcycle
mucamo/a butler
mueblería furniture store
muerto/a *n.* dead person
mutuo/a mutual

N
nabo turnip
narrador(a) narrator
navaja razor
numerario cash, currency
numerólogo/a numerologist

O
observador(a) *adj.* observant
obstaculizar (c) to hinder, hold up
odiar to hate
ojalá: ojalá (que) *interj.* I hope that
¡ojo! *interj.* be careful
onomástica *n.* birthday; saint's day
organismo body; organism
ornitólogo/a ornithologist
os *refl. pron.* yourselves (*fam. pl.*)
¡oye! *interj.* hey, listen

P
pago payment
palo: de tal palo, tal astilla *interj.* a chip off the old block
parabrisas *m. sg., pl.* windshield
pardo/a brown

paseo avenue
pasillo corridor
paso: salirle (*irreg.*) **al paso** to oppose, thwart
pavo: pavo real peacock
pedernal *m.* flint
pedir (i, i): pedir consejos to seek advice; **pedir prestado/a** to borrow
pelea fight
peligrar to get into danger, be in danger
péndulo pendulum
pensar (ie): pensar + *inf.* to plan to (*do something*)
pérdida loss
perseguir (i, i) (g) to pursue
pésame: darle el pésame to express one's condolences
pilosidad *f.* hairiness
pinchazo puncture (a tire)
pinzas *pl.* pincers
pisar to step on; to walk on
plantear to raise, pose (a question)
pobreza poverty
poco *adv.:* **por poco** almost
poner (*irreg.*): **poner en tela de juicio** to cast doubt on
por *prep.:* **por aquí** around here; **por completo** completely; **por eso** that's why; **por poco** almost
potasio potassium
potente powerful
preciso/a: es preciso it is necessary
precocinado/a pre-cooked
premio: premio gordo grand prize
prendido/a turned on (*electricity*)
prescindir: prescindir de to dispense with, do without
presente: tener (*irreg.*) **presente** to keep in mind
prestado/a: pedir (i, i) prestado/a to borrow
prevaleciente prevalent
primo/a cousin
procesamiento processing
productor(a) *n.* producer
profundamente *adv.* deeply
profundidad *f.* depth
prohibirse to be prohibited
propiciar to prompt
propina tip (*in a restaurant*)

proporcionar to provide, supply
próximo/a next; approximate
puesto/a: llevar puesto/a to be wearing, have on (*clothing*)
pulso: tomarle el pulso to take someone's pulse
punto: punto ciego blind spot (*in driving*)
punzante *m., f.* sharp, stabbing (pain)
puñal *m.* dagger
pureza purity

Q

qué *interr.:* **¿qué tal?** how are you?, how's it going?
quedar to remain, be left over
queja complaint
querer (*irreg.*): **querer decir** to mean
querido/a dear
queso: queso curado hard cheese; **queso desnatado** cheese made from skim milk
quizás *adv.* perhaps

R

rana frog
rasurado/a shaved
ratón *m.* mouse
real: pavo real peacock
recepción *f.* front desk (*at a hotel or office*)
recreo recess, recreation time
recurrir: recurrir a to resort to
redondeado/a rounded
reembolso reimbursement, refund
refinamiento refinement
reflexionar: reflexionar sobre to reflect on
reflexoterapia reflexology
reforzar (ue) (c) to strengthen
refugio refuge
rehabilitar to rehabilitate
relajamiento relaxation
relatividad *f.* relativity
remediar to remedy; to make good, repair
remontarse: se remonta a it dates back to
reparar to repair
repollo cabbage

reposar to let settle (*food*)
respecto: al respecto about the matter
resto: restos de hollín *m.* ashen remains
retirarse to withdraw, retire
revolcarse (qu) to roll over
roca rock; cliff
roto/a broken

S

sabana savannah
sacar (qu): sacar fotocopias to make photocopies
saciado/a satiated
salir (*irreg.*): **salir de** to get rid of; **salirle al paso** to oppose, thwart
saltarse to skip
sastrería tailor's shop
seguridad *f.* safety
semana: a la semana per week
seminario seminar
sentir (ie, i): lo siento I'm sorry
sepultura tomb, grave
ser (*irreg.*): **a no ser que** unless; **o sea** *interj.* that is
serio/a: tomar en serio to take seriously
servir (i, i) to be useful
sí: por sí sólo/a by oneself
sílabo syllabus
simplificar (qu) to simplify
sin *prep.:* **sin fin** endless
sobre *prep.:* **sobre todo** especially
socio/a member, membership
solo/a single; **por sí solo/a** by oneself
sonador(a) *n.* noisemaker (*person*); *adj.* loud, noisy
sonrisa smile
sostener (*like* **tener**) to hold up, support
sucio/a dirty
sucrosa sucrose
sudadera sweats (*clothing*)
sueño dream
sujetar to secure, hold in place
sumamente *adv.* extremely
superficie *f.* surface
supervivencia survival
suplir to make good, make up for
suspicaz (*pl.* **suspicaces**) suspicious, distrustful

T

tablero board, panel
tal: de tal palo, tal astilla a chip off the old block; **¿qué tal?** how are you?, how's it going?
tamaño size
tanto *adv.:* **por lo tanto** therefore
tanto/a *adj.* so much
Tauro Taurus
tecnogimnasia technologically assisted exercise
techo roof
tela: poner (*irreg.*) **en tela de juicio** to cast doubt on
temblar (ie) to tremble
tener (*irreg.*): **tener celos** to be jealous; **tener envidia** to be envious; **tener frío** to be cold; **tener que** + *inf.* to have to (*do something*)
terreno: ganar terreno a la selva to get farmland from the jungle
tiempo: a tiempo on time
tira (comic) strip
tocar (qu): a ti te toca it's your turn
todo/a *adj.:* **a todo volumen** at full volume
tomar: tomar en serio to take seriously; **tomarle el pulso** to take someone's pulse
traductor(a) translator
tranquilizante *n. m.* tranquilizer
tránsito traffic, road
tratar to treat
tratarse de to be a question of; to be about
trompetero/a: cisne *m.* **trompetero** trumpeter swan
Tuina *m.* ancient form of Chinese massage

U

urgencia emergency

V

vacuno: carne *f.* **de vacuno** beef
valer (*irreg.*): to be worth **¿vale?** *interr.* OK?
vela candle
ventajoso/a advantageous
ver (*irreg.*): **a ver** *interj.* let's see
veracidad *f.* veracity, truthfulness
verdad *f.:* **¿de verdad?** *interr.* really?
vez *f.* (*pl.* **veces**): **a veces** sometimes; **alguna vez** once, ever
viaje *m.:* **hacer** (*irreg.*) **un viaje** to take a trip
visita: hacer (*irreg.*) **(una) visita** to pay a visit
visto/a seen
vivo/a lively
volante *n. m.* steering wheel
volumen *m.:* **a todo volumen** at full volume
vuelta *n.* return
vuelto/a *adj.* returned

Y

ya *adv.* already; **ya no** no longer; **ya que** since
yacimientos beds (*geological*)

Z

zapatería shoe store
zapatilla slipper
zorro fox

INDEX

This index covers topics in grammar, structure, usage, and vocabulary, including everyday language, that are found in both volumes (*Primera parte* and *Segunda parte*) of the *Manual que acompaña ¿Sabías que...?* Functional expressions and vocabulary topics appear as groups (see **Vocabulario**, page 199); they are not cross-referenced. Page numbers preceded by the indication *P1* refer to the first volume (*Primera parte*) of the *Manual*. Page numbers preceded by the indication *P2* refer to the second volume (*Segunda parte*). Please refer to the Appendix of the main text for complete conjugations of regular, stem-changing, and irregular verbs. Abbreviations in this index are identical to those used in the end vocabulary of *¿Sabías que...?*

a, + **el**, P1: 17
 + *inf.*, P1: 95
 personal, P1: 122–23, 135
 as preposition, P1: 16, 95, 122–23
abrir, past participle, P2: 77
acabar de + *inf.*, P2: 80
accent mark, to distinguish words, P1: 104
 with interrogatives, P1: 115
 to mark stress, P1: 104
 with present participle, P1: 124, 127, 229; P2: 165
adjectives, agreement of, P2: 89
 demonstrative, P1: 9
 derived from past participles, P2: 89, 91
 descriptive, P1: 7, 142; P2: 2–3, 5, 64–65, 67–68, 72–73, 121
 gender of, P1: 7
 listed, P2: 5, 64–65, 67–68, 72–73, 121
 meaning after **ser** and **estar**, P1: 74–75; P2: 3–5
 of number, P1: 8
 past participle used as, P2: 89, 91
 possessive (stressed), P1: 114
 possessive (unstressed), P1: 7, 71, 112
 of quantity, P1: 8
 superlative forms of, P1: 137
¿adónde?, P1: 115
adverbs, ending in -mente, P1: 36
 listed, P1: 36, 63
age, expressing, P1: 111
agradar, with indirect object pronouns, P1: 236; P2: 172

agreement, of adjectives, P2: 89
 of possessive adjectives, P1: 7, 71, 112, 114
 of possessive pronouns, P1: 114
al, P1: 17
alphabet, P1: 20
andar (*irreg.*), preterite, P1: 95, 97, 101; P2: 33
antes (de) que, followed by subjunctive, P2: 131
apocopation, **cien**, P1: 211
 mal, P1: 72
-ar verbs, regular conjugations, P1: 31, 41, 48, 66, 68, 92–93, 97, 100, 103; P2: 33, 103, 128, 143, 145, 149
articles, definite, P1: 4–6, 37–39, 192–93, 195
 indefinite, P1: 5–6
articles of clothing, listed, P2: 132
assertions, making, P1: 154
aunque and **mientras**, used with past tenses, P2: 31

be (*to be*), expressing, P1: 74–75
become, P2: 7, 28

caer (*irreg.*), **caer bien**, with object pronouns, P1: 236; P2: 172
cardinal numbers, P1: 18, 166, 168, 208–9
cien, P1: 211
clothing, articles of, P2: 136–37
 listed, P2: 136–37
commands, defined, P2: 53

 formal (Ud., Uds.), P2: 58
 informal (tú), P2: 53–55, 86
 vosotros, P2: 59
¿cómo?, P1: 115
comparison, of adjectives, P1: 137, 178
 of equality, P1: 178
 of nouns, P1: 137
conditional, irregular, P2: 103, 105
 regular, P2: 102–3
 used with past subjunctive, P2: 103
 uses of, P2: 102–3
conditional sentences, P2: 102–3
conducir, preterite, P1: 95, 97, 101; P2: 33
conjecture, expressing, with conditional, P2: 102–3
 with subjunctive, P2: 150–51
conjunctions, of time, P2: 125–26, 131
 use of subjunctive after, P2: 125–26, 131
conocer (zc), forms of, P1: 41
 imperfect, P1: 170, 174–75
 present subjunctive, P2: 128
 preterite, P2: 33
contractions, **al**, P1: 17
 del, P1: 17
contrary-to-fact conditions, P2: 102–3
creer, preterite, P1: 101; P2: 33
¿cuál? versus **¿qué?**, P1: 115, 239; P2: 175
cuando, use of subjunctive or indicative after, P2: 125–26
¿cuándo?, P1: 35, 115
¿cuántos/as?, P1: 115

195

dar (*irreg.*), with indirect object pronoun, P1: 124, 229; P2: 165
days of the week, definite article used with, P1: 37–38, 192
   listed, P1: 37
de, + **el**, P1: 17
   to express origin, P1: 14
   to show possession, P1: 14
   after superlative, P1: 137
   used with prepositions, P2: 83
deber, to express obligation, P1: 44
decir (*irreg.*), command (imperative) form, P2: 12, 54–55, 59
   conditional, P2: 105
   future, P2: 143, 146, 149
   past participle, P2: 77
   present, P1: 41
   preterite, P1: 95, 97, 101, 103; P2: 33
   uses of, P1: 154
¿de dónde?, P1: 115
definite article, forms of, P1: 4–6
   use and omission of, P1: 37–39, 192–93, 195
del, P1: 17
demonstrative adjectives, P1: 9
denial, expression of, followed by subjunctive, P2: 132
describing, P1: 142; P2: 2–3, 5, 64–65, 67–68, 72–73, 121
descriptive adjectives, P1: 142; P2: 2–3, 5, 64–65, 67–68, 72–73, 121
descubrir, past participle, P2: 77
diphthongs, P1: 52
direct object, P1: 122–24, 128
direct object pronouns, P1: 123–24, 127–28, 131, 133–34; P2: 54–55, 58
¿dónde?, ¿adónde?, ¿de dónde?, P1: 115
dormir (ue, u), present, P1: 32–33
   present participle, P1: 76
   preterite, P1: 92–93, 100; P2: 33
double object pronouns, P1: 233–34; P2: 54–55, 169–70
doubt, expressions of, P2: 150–51

each other, P1: 146, 148
emotion, expressions of, P2: 2–3, 7, 9–11
empezar (*irreg.*), verbs like, present subjunctive, P2: 128
encantar, with indirect object pronouns, P1: 236; P2: 172
   meanings, P2: 16
   used like **gustar**, P2: 16
endings, personal, defined, P1: 30–31
   for regular -ar, -er, and -ir verbs, P1: 31, 41, 48, 66, 68, 92–93, 97, 100, 103; P2: 33, 103, 128, 143, 145, 149

entregar, with indirect object pronoun, P1: 229; P2: 165
-er verbs, regular conjugations, P1: 31, 41, 48, 66, 68, 92–93, 97, 100, 103; P2: 33, 103, 128, 143, 145, 149
escribir, past participle, P2: 77
estar (*irreg.*), with adjectives, P1: 74–75; P2: 2–5
   + -ndo, P1: 76
   present, P1: 75
   preterite, P1: 95, 101; P2: 33
   uses of, P1: 74, 76; P2: 2–3, 82, 84
   versus **quedar**, P2: 82, 84
   versus **ser**, P1: 74; P2: 4–5
everyday language: directions, giving, P2: 85–86, 88
   emotion, expressions of, P2: 9–11
   frequency, expressions of, P1: 36, 51, 62–63
   giving directions, P2: 85–86, 88
   introductions, P1: 2
   location, expressing, P2: 82, 84
   obligation, expressions of, P1: 44
   studies, talking about, P1: 9–10
   time, talking about, P1: 35–36, 45, 47, 99–100
   transition words, P2: 36

faltar, meanings, P2: 14–15
   used like **gustar**, P2: 14
feminine, adjectives, P1: 7
   nouns, P1: 5–6
formal (Ud., Uds.) commands, P2: 58
future meaning, present indicative used to express, P2: 143
   subjunctive used to express, P2: 125–26
future tense, irregular, P2: 143, 146, 149
   regular, P2: 143, 145, 149
   uses of, P2: 143

gender, of adjectives, P1: 7
   of articles, P1: 5–6
   of nouns, P1: 5–7
   of numbers, P1: 210–11
generalizations (impersonal expressions), followed by subjunctive, P2: 151–52
   with **se**, P1: 213, 215, 235; P2: 12, 171
get, P2: 7, 28
gustar, object pronouns with, P1: 15–16, 80–82, 124; P2: 14
   using, P1: 15–16, 43, 48, 80–82, 124; P2: 14
   verbs used like, P1: 236; P2: 14–16, 172

haber (*irreg.*), as auxiliary, P2: 75–76, 80

forms, P2: 76
   present subjunctive, P2: 128
   uses of **hay**, P1: 19
hace + *a unit of time*, P1: 99–100
hacer (*irreg.*), command, P2: 54
   conditional, P2: 103, 105
   to express *to be*, P1: 74
   future, P2: 143, 146, 149
   idioms with, P1: 72–73, 99–100
   past participle, P2: 77
   present, P1: 41
   preterite, P1: 92–93, 97, 101, 103; P2: 33
   with time expressions, P1: 99–100
   with weather expressions, P1: 72–73
hacer caso, with indirect object pronouns, P1: 236; P2: 172
hasta que, use of subjunctive or indicative after, P2: 125–26
hay, P1: 19
   future, P2: 143
   present subjunctive, P2: 128
hypothetical events, expressing, P2: 102–3

idioms, with **hacer**, P1: 72–73, 99–100
   with **tener**, P1: 75–76, 111; P2: 5
if clauses, P2: 102–3
imperatives. *See* commands
imperfect indicative, English equivalents of, P1: 170; P2: 28–29, 37
   irregular, P1: 171, 174–75; P2: 29, 49, 52
   regular, P1: 170, 174–75; P2: 29
   used with **mientras** and **aunque**, P2: 31
   uses of, P1: 170–71; P2: 28–29, 31, 37
   versus preterite, P1: 170; P2: 28–29, 37
imperfect subjunctive. *See* past subjunctive
impersonal expressions (generalizations), followed by subjunctive, P2: 151–52
   with **se**, P1: 213, 215, 235; P2: 12, 171
impersonal **se**, P1: 213, 215, 235; P2: 12, 171
importar, with indirect object pronouns, P1: 236; P2: 172
indefinite and negative words, P1: 63–64
indefinite and nonexistent antecedents, followed by subjunctive, P2: 131–32
indefinite article, P1: 5–6
indirect object nouns, P1: 16
indirect object pronouns, P1: 16, 80–82, 124, 136–37, 229–30, 237; P2: 54–55, 58; P2: 165–66, 173

infinitive, with object pronouns, P1: 124, 127, 134, 229; P2: 165
   prepositions used before, P1: 95
   with reflexive pronouns, P1: 32, 43, 48, 66, 68
   as verb complement, P1: 95
informal (tú) commands, P2: 53–55, 86
information questions, P1: 115
interesar, with indirect object pronouns, P1: 236; P2: 172
interrogative word order, P1: 115
interrogative words, listed, P1: 115
   used as relative pronouns, P1: 115
ir (*irreg.*), + a + *inf.*, P1: 95; P2: 143
   command, P2: 54–55, 58
   forms, P1: 31, 41, 66, 68
   imperfect, P1: 171, 174–75; P2: 29, 52
   present subjunctive, P2: 128
   preterite, P1: 92–93, 97, 101, 103
-ir verbs, regular conjugations, P1: 31, 41, 48, 66, 68, 92–93, 97, 100, 103; P2: 33, 103, 128, 143, 145, 149

jamás, P1: 64
jugar, present, P1: 33–34
   preterite, P1: 97

le(s), as indirect object pronoun, P1: 16, 80, 136–7, 229, 237; P2: 165, 173
   converted to se, P2: 80
leer, present participle, P1: 76
   preterite, P1: 100–101; P2: 33
linking, P1: 53
lo, as a direct object, P1: 128, 131–33, 135

mal(o), P1: 72
más... (que), with comparatives and superlatives, P1: 138
masculine, adjectives, P1: 7
   nouns, P1: 5–6
mayor, P1: 137
mejor, P1: 137
menor, P1: 137
menos... (que), with comparatives and superlatives, P1: 137
mientras and aunque, used with past tenses, P2: 31
mood, defined, P2: 125
morir, past participle, P2: 77
   present subjunctive, P2: 128
   preterite of, P2: 33

nada, P1: 65
nadie, P1: 65
narrating in the past, P2: 28–29, 37
negation, forms, P1: 31, 63–64
   of tú commands, P2: 55, 58

   of Ud., Uds. commands, P2: 58
   of vosotros/as commands, P2: 59
negative, sentences, P1: 31, 63–64
   commands, P2: 55, 58–59
   words, P1: 31, 63–64
ninguno and alguno, P1: 65
no, P1: 31, 63–64
nonexistent and indefinite antecedents followed by subjunctive, P2: 131–32
nouns, comparison of, P1: 137, 178
   direct object, P1: 122–23
   with expressions of quantity, P1: 8, 193
   gender of, P1: 5–7
   indirect object, P1: 16, 136–37
number. *See* agreement
numbers, cardinal, P1: 18, 166, 168, 208–9
   years, how to read, P1: 166
nunca, P1: 64

object pronouns, direct, P1: 122–24, 127–28, 131–34
   double, P1: 233–34; P2: 54–55, 169–70
   indirect, P1: 16, 80–82, 124, 136–37, 229–30; P2: 165–66
   with infinitives, P1: 124, 127, 134, 229; P2: 165
   order of, P1: 16, 123–24, 127–28, 134, 233–34; P2: 54–55, 58, 169–70
   position of, P1: 16, 123–24, 127–28, 134, 233–34; P2: 54–55, 58, 169–70
   reflexive, P1: 32, 43, 48, 66, 68, 70, 146, 148; P2: 7
order. *See* word order
orthographic changes. *See* spelling changes

parecer(se), as idiomatic reflexive, P1: 144
   followed by indicative or subjunctive, P2: 151
   uses of, P1: 154
participle, past, P2: 75–77
   present, P1: 76, 124, 127
   present with object pronouns, P1: 76, 124, 134
parts of the body, with definite articles, P1: 195
passive voice, with se, P1: 215; P2: 91
   "true" passive, P2: 91
past narration, P2: 28–29, 37
past participle, formation of, P2: 75–77
   with haber, P2: 75–76
   irregular, P2: 77
   used as adjective, P2: 89, 91

past perfect (pluperfect) indicative, P2: 80
past subjunctive, formation of, P2: 103
   uses of, P2: 103
pedir (i, i), present, P1: 33
   preterite, P1: 92–93, 100; P2: 33
pensar (*irreg.*), present, P1: 33, 41
peor, P1: 138
perfect tenses, past perfect (pluperfect) indicative, P2: 80
   present perfect indicative (pretérito perfecto), P2: 75–76
personal a, P1: 122–23, 134
personal endings, of -ar verbs, P1: 31, 41, 48, 66, 68, 92–93, 97, 100, 103; P2: 33, 103, 128, 143, 145, 149
   defined, P1: 31
   of -er and -ir verbs, P1: 31, 41, 48, 66, 68, 92–93, 97, 100, 103; P2: 33, 103, 128, 143, 145, 149
personal pronouns. *See* pronouns
pitch and stress, P1: 53
pluperfect (past perfect) indicative, P2: 80
poder (*irreg.*), conditional, P2: 103, 105
   future, P2: 143, 146, 149
   present, P1: 33, 41
   preterite, P1: 95, 97, 101; P2: 33
poner(se) (*irreg.*), command, P2: 54
   conditional, P2: 103, 105
   to express change in mood, P2: 3
   future, P2: 143, 146, 149
   with indirect object pronouns, P1: 234; P2: 170
   past participle, P2: 77
   present, P1: 41
   preterite, P2: 33
   reflexive, P2: 3, 28, 142
   versus vestirse, P2: 142
por, with passive voice, P2: 91
   with preterite, P2: 36
position, of object pronouns, P1: 123–24, 127–28, 134, 237; P2: 54–55, 58, 173
possession with de, P1: 14
possessive adjectives, agreement of, P1: 7, 112
   stressed, P1: 114
   su(s), clarification of, P1: 112
   unstressed, P1: 7, 71, 112
possessive pronouns, P1: 114
prepositions, defined, P2: 83
   + *inf.*, P1: 95
   listed, P2: 83
   used with quien, P1: 156
present indicative, of -ar verbs, P1: 31, 41, 48, 66, 68
   English equivalents of, P1: 30–31

Index   **197**

present indicative (*continued*)
   of -er and -ir verbs, P1: 31, 41, 48, 66, 68
   to express future meaning, P2: 143
   of stem-changing verbs, P1: 32–34, 41, 48, 66, 68
present participle, to express present progressive, P1: 76
   with object pronouns, P1: 76, 124, 127, 134
   with written accent marks, P1: 124
present perfect indicative (pretérito perfecto), P2: 75–76
present progressive, P1: 76
present subjunctive, formation of, P2: 128
   of irregular verbs, P2: 128
   meaning of, P2: 125–26
   of stem-changing verbs, P2: 128
   used to express future, P2: 125–26
preterite, English equivalents of, P1: 92; P2: 28–29
   of irregular verbs, P1: 92–93, 95, 97, 101, 103
   meaning of, P1: 92; P2: 28–29
   of regular verbs, P1: 92–93, 95, 97
   of stem-changing verbs, P1: 92; P2: 33
   uses of, P1: 90–91; P2: 28–29, 31, 36
   versus imperfect, P1: 170; P2: 28–29, 31, 37
progressive forms, present, P1: 76
pronouns, clarified by a mí, etc., P1: 237; P2: 173
   with commands, P2: 54–55, 58
   direct object, P1: 123–24, 127–28, 131–34
   indirect object, P1: 16, 80–82, 124, 136–37, 229–30; P2: 165–66
   with infinitives, P1: 32, 41, 48, 124, 134, 229; P2: 165
   possessive, P1: 114
   reflexive, P1: 32, 41, 48, 66, 68, 70, 146, 148; P2: 7
   relative, P1: 115
   subject, P1: 11–13, 15, 123, 127, 129, 133
   word order of, P1: 123–24, 127–28, 134, 229; P2: 54–55, 58, 165
pronunciation, of b and v, P1: 82–3
   of d and g, P1: 84
   diphthongs, P1: 52
   of g and d, P1: 84
   of ge and gue, P1: 180
   intonation in questions, P1: 53
   of j, P1: 181
   linking, P1: 53
   pitch and stress, P1: 53
   silent h, P1: 181
   stress and written accent marks, P1: 104, 124

   of v and b, P1: 82–3
   of vowels, P1: 21–22, 52

quantity, expressions of, adjectives as, P1: 8
   in cooking, P1: 209
   and nouns, P1: 193
que, used as a relative pronoun, P1: 155
   used as a relator, P1: 153
¿qué?, versus ¿cómo?, P1: 115
   versus ¿cuál?, P1: 115, 239; P2: 175
quedar, meanings, P2: 16, 82, 84
   used like gustar, P2: 16
   versus estar, P2: 82, 84
querer (*irreg.*), conditional, P2: 105
   future, P2: 143, 146, 149
   present, P1: 33
   preterite, P2: 33
   with reflexives, P1: 43
question words, P1: 115
questions, information, P1: 115
quien, used as a relative pronoun, P1: 155–56
   used as a relator, P1: 153
¿quién?, P1: 115
quitar, with indirect object pronouns, P1: 234; P2: 170

-ra forms of the past subjunctive, P2: 103
radical-changing verbs. *See* stem-changing verbs
reciprocal (reflexive) verbs, P1: 146, 148
redundant pronoun construction, P1: 234; P2: 170
reflexive, commands, P2: 54–55, 58
   to express change of state, P2: 7, 28
   to express reciprocal actions, P1: 146, 148
   idiomatic, P1: 150
   preterite of, P2: 33
   pronouns, P1: 32, 48, 66, 68, 70, 146, 148; P2: 7, 54–55
   verbs, P1: 32, 48, 66, 68, 146, 148, 150; P2: 7, 28
regular verbs. *See* –ar, –er, –ir verbs
resolver, past participle, P2: 77

saber (*irreg.*), conditional, P2: 105
   future, P2: 143, 146, 149
   present, P1: 41
   present subjunctive, P2: 128
   preterite, P1: 95, 97, 101; P2: 33
   uses of, P1: 154; P2: 122–23
   versus conocer, P2: 33
salir (*irreg.*), command, P2: 54, 58–59
   conditional, P2: 105
   future, P2: 143, 146, 149
   imperfect, P1: 170, 174–75
   present, P1: 41

   present subjunctive, P2: 128
   preterite, P1: 97, 100, 103; P2: 33
se, impersonal (*one*), P1: 213, 215, 235; P2: 12, 171
   for le and les, P1: 233–34; P2: 80, 169–70
   passive, P1: 213, 215, 235; P2: 91, 171
   reflexive pronoun, P1: 32, 48, 66, 146, 148; P2: 7, 12
sentir(se) (ie, i), to express state of being, P2: 3
   present subjunctive, P2: 128
   preterite, P2: 33
sequence of events, words and expressions to show, P2: 33
ser (*irreg.*), with adjectives, P1: 14; P2: 91
   command, P2: 58
   imperfect, P1: 171, 174–75; P2: 29, 52
   passive voice with, P2: 91
   present, P1: 2, 13
   present subjunctive, P2: 128
   preterite, P1: 92–93, 97, 101, 103
   with titles and professions, P1: 39
   uses of, P1: 14, 168; P2: 91
   versus estar, P1: 74; P2: 4–5
shortened forms. *See* apocopation
si clauses, P2: 102–3
soler (ue), forms, P1: 51
   + *inf.*, P1: 51
   uses, P1: 51
spelling changes, in commands, P2: 55, 58
   in present participle, P1: 76
   in present subjunctive, P2: 128
   in preterite, P1: 92–93, 95, 97, 103
   verbs with, P1: 32; P2: 55, 58
stem-changing verbs, present indicative, P1: 32–34, 41, 48, 66
   present subjunctive, P2: 128
   preterite, P1: 92–93, 95, 97, 100, 103; P2: 33
stress. *See* accent mark
subject pronouns, forms, P1: 11–13, 15, 123, 127
   use and omission of, P1: 15, 129
subjunctive, concept of, P2: 125–26
   formation of present, P2: 128
   used after certain conjunctions, P2: 125–26, 131
   used in conditional sentences, P2: 103
   used after conjunctions of time, P2: 125–26, 131
   used to express conjecture, P2: 150–51
   used after expressions of denial, P2: 132
   used after expressions of doubt, P2: 150–51

used after impersonal expressions (generalizations), P2: 150–51
used after nonexistent and indefinite antecedents, P2: 131–32
superlatives, P1: 137
su(s), agreement of, P1: 112
clarification of, P1: 112

tampoco, P1: 64
tan... como, P1: 178
tan pronto como, use of subjunctive or indicative after, P2: 125–26
tanto/s (tanta/s)... como, P1: 178
telling time, P1: 45, 47
tener (*irreg.*), conditional, P2: 103, 105
future, P2: 143, 146, 149
idioms with, P1: 33, 43, 75–76, 111; P2: 5
present, P1: 33, 41
present subjunctive, P2: 128
preterite, P1: 95, 97, 101, 103; P2: 33
time of day (telling time), P1: 45, 47
transition words, P2: 33
tú, commands, P2: 53–55, 86
versus usted, P1: 2, 12, 48

Ud., Uds., commands, P2: 58
used to, equivalent of imperfect, P1: 170; P2: 37
usted(es), commands, P2: 58
use of, P1: 70
versus tú, P1: 2, 12, 48

venir (*irreg.*), command, P2: 54
conditional, P2: 105
future, P2: 143, 146, 149
present, P1: 33, 41
preterite, P1: 92–93, 97, 101, 103; P2: 33
ver (*irreg.*), imperfect, P2: 49
past participle, P2: 77
preterite, P1: 92, 97
vestirse versus ponerse, P2: 142
Vocabulario (*vocabulary*): academic subjects, P1: 3–4
adjectives, P1: 142; P2: 2–3, 5
beverages, P1: 188–89
body, parts of the, P1: 142, 195
breakfast foods, P1: 188–89, 197

change of state, expressing, P2: 3, 7, 28
clothing, P2: 136–37
colors, P1: 189
cooking, P1: 224–25; P2: 160–61
daily schedule, P1: 28–29, 60–61
dairy products, P1: 188–89
days of the week, P1: 37
describing one's state of mind, P2: 2–3
description, P1: 142; P2: 64–65, 67–68, 72–73, 121
directions, P2: 85–86, 88
domestic life, P1: 28–29, 60–61
emotions and behavior, P2: 2–3, 7, 9–11
everyday life, P1: 28–29, 60–61
family members, P1: 110–11, 117–20
feelings, P2: 2–3, 7, 9–11
fish and seafood, P1: 188–89
food and drink, P1: 188–89, 197, 200, 203
food preparation, P1: 224–25; P2: 160–61
frequency, P1: 36, 51, 62–63
fruits, P1: 188–89
heredity and genetics, P1: 142
housing, P2: 108
injuries, talking about, P2: 46
jobs, P2: 116–17
leisure activities, P1: 28–29, 60–61; P2: 18–20, 24–25
location, P2: 82, 84
meals, P1: 188–89, 197, 200
meats, P1: 188–89
months and seasons, P1: 78
numbers, P1: 18, 166, 208–9
occupations, P2: 116–17
office, in the, P2: 116–17
pastimes, P1: 28–29, 60–61; P2: 18–20, 24–25
personality descriptions, P2: 64–65, 67–68, 72–73, 121
physical description, P1: 142
poultry, P1: 188–89
prepositions, P2: 83
professions and trades, P2: 116–17
relaxation, P1: 28–29, 60–61; P2: 18–20, 24–25
restaurant, P1: 188–89

routine, daily, P1: 28–29, 60–61
schedule, daily, P1: 28–29, 60–61
seafood and fish, P1: 188–89
seasons and months, P1: 78
skills, P2: 122–23
sports, P2: 18–20, 24
subjects (academic), P1: 3–4
time, telling, P1: 45, 47
time expressions, P1: 35–36, 99–100, 166
vegetables, P1: 188–89
weather expressions, P1: 72–73
weekend activities, P1: 28–29, 60–61; P2: 18–20, 24–25
work, bosses, and employees, P2: 116–17, 121, 122
volver(se) (ue), idiomatic, P1: 151
past participle, P2: 77
present, P1: 33–34
preterite, P1: 100–101
vosotros/as, commands, P2: 59
endings for -ar, -er, and -ir verbs, P1: 70, 103
uses, P1: 12, 70
vowels, P1: 21–22, 52. *See also* pronunciation

will, in future tense, P2: 143
word order, of double object pronouns, P2: 54–55
of interrogatives, P1: 115
in negative sentences, P1: 31, 63–65; P2: 55, 58
of object pronouns, P1: 123–24, 127–28, 134; P2: 54–55, 58
of perfect tenses, P2: 75–76
of subject nouns and pronouns, P1: 123, 127
would, in conditional tense, P2: 103
meaning *used to*, P2: 37
written accent mark, P1: 104, 115, 124

years, how to read, P1: 166